著 **ぶせな**
BUSENA

最強のFX
15分足
デイトレード

日本実業出版社

はじめに

「勝ち続ける」ためのシンプルな方法

「FXで勝ち続ける」には、どうすればいいのか？

これは、私が専業トレーダーになって感じた疑問です。まだ勝てていない兼業トレーダーのころは、「一時的でもいいから稼ぎたい！」という意識がずっとありました。その後、日々のトレードで試行錯誤をするなかで、ようやく勝てるようになり、月単位の利益が会社員の給料を上まわるようになっていき、念願の専業トレーダーになることができました。

しかし、専業トレーダーは、トレードの利益だけで毎月の生活費を捻出しなければなりません。一時的に大きな利益を上げた日があっても、それが続かなければ、日々の生活費で否応なしに資産は減っていく、という苦しみを、専業になって早々に味わいました。**FXで生計を立てるとは、「一時的」に勝つのではなく、「勝ち続ける」必要がある**ということに、専業トレーダーになってようやく気づいたのです。

冒頭の疑問の答えが、本書でお伝えする「デイトレード手法」を実践することです。私は専業トレーダーになって10年が経過しましたが、**「一時的」でなはく「勝ち続ける」手法を構築**することができました。

トレードで利益を上げる手法は、無数にあります。利益さえ出ればどんな方法でもいいと私は思います。重要なことは、勝てるやり方を構築し、それを機能させ続けることです。勝ち続けるためには、どんな相場でも通用する必要があるからです。

これからお伝えするデイトレード手法は、どんな相場でも通用することに一番にフォーカスし、考案してきたものです。FXの難しさは、安定して稼げないことです。そのため、専業トレーダーになっても苦労する方は意外と多く存在します。目先の壁を突破するだけでなく、その先の壁まで見据えたのが、デイトレード手法なのです。

デイトレード手法とは？

「デイトレード」という言葉は、現在ではメジャーになっています。解釈はさまざまで、FX全般のことをデイトレードということもありますし、スキャルピング、スイングトレードと同じくくりで、手法の呼称としてデイトレードという場合もあります。本来、デイトレードとは「日計り取引」のことを指します。オーバーナイト（ポジションを翌日に持ち越すこと）をせず、その日のうちに損益を確定させることです。

本書でお伝えするデイトレード手法は、エントリーから決済まで、ポジション保有時間は数十分から数時間になりますが、厳密に「1日」で損益を確定させるわけではありません。ポジションを保有するタイミングは、24時間どの時間帯でも可能です。アジアタイムから6時間保有することもあれば、ニューヨークタイムにエントリーチャンスが訪れることもあります。ニューヨークタイムからポジションを保有すれば、翌日まで持ち越すことになります。値動きが静かな相場のときは、利食い目標の価格まで数時間では到達せず、1日以上かかることもあります。そのため、その日に決済せずに翌日に持ち越すこともあり、ときには数日間保有するトレードになります。会社員の方は、自ずと帰宅後の21時以降など、ニューヨークタイムにトレードすることが多くなるかと思いますが、この時間帯にポジションを取り、数十分から数時間保有して決済します。ときには、指値と逆指値を入れて持ち越すイメージになります。

チャンスの幅を拡げるためにデイトレードに着手

私が専業トレーダーになれたのは、数秒単位で売買を繰り返す「スキャルピング」である程度の資産を築くことができたからです。詳しくは、前著『最強のFX　1分足スキャルピング』（日本実業出版社）で書いていますが、売買シグナルにしたがい、淡々とトレードをした結果、右肩上がりの利益を達成できました。

しかし、スキャルピングは相場の変化に影響されやすく、ボラティリティ（価格の変動率）とリクイディティ（市場流動性）が低いと、チャンスが少なくなるのが悩みのタネでした。もちろん、手法に期待値があっ

て、それに合う相場なら、ものすごい利益を上げることができます。私の場合は、多くの通貨ペアを手がけていたのでチャンスがないということはありませんでしたが、「ドル円に絞ってスキャルピングする」と決めてしまっていたら、たとえばマーケットの注目がポンドやユーロに集まっている時期は、ドル円が膠着してチャンスが少ない時期をひたすらすごすことになります。

　また、スキャルピングは1日中、チャートを見ている必要があります。専業トレーダーになって5年ほど経過し、1日中相場に張りついた生活から変化させたいと感じはじめました。そして、スキャルピングで口座の凍結が頻繁に起こるなど、証券会社側がスキャルピングをよしとしない風潮があり（今はなくなりましたが）、1日中張りついて数pipsを狙うトレードを続けるよりも、**1回のトレードで数十pips 〜 100pips以上の利幅を得ること**が、もっとも効率のいいトレードではないかと考えたのです。

　その点、デイトレードはチャンスに困ることがないということに気づきました。相場によっては数日間様子見という日もあるでしょう。しかし、数か月にわたって仕事がない、トレンドが変わるまでチャンスがない！　という状態はないということがわかったのです。

「相場が変わってもトレードチャンスが変わらずに発生すること」が、収益を安定させるために重要になります。基本的なことですが、億を稼ぐための極意といえるでしょう。

数十〜100pips以上の利益幅を狙う

　数十pips 〜 100pips以上の利幅を狙うには、テクニカル分析で相場の流れをしっかりと把握しなければなりません。そして、流れがわかっている状態でトレードすることこそが、どんな相場でも対応できる、勝ち続けるためのやり方につながると考えたのです。それが本書のデイトレード手法につながっていき、1pipsのトレードを100回繰り返すより、1回のトレードで100pipsが取れるイメージと考えると、効率のよさがわかるかと思います。100回トレードすれば、スプレッドが100倍かかってきま

す。USD/JPYのスプレッドが0.3pipsだとしたら、100回で30pipsものスプレッドが発生し、口座はこの分だけマイナスになっているのです。これがデイトレードなら、たった1回の0.3pipsだけですむわけです。もちろん、スプレッドだけで手法の良し悪しの比較はできませんが、経費は少ないに越したことはありません。1トレードで利幅を取る。これがデイトレードの醍醐味です。一度のエントリーで100pips取れると、本当に気持ちがいいものです。

　これからお伝えするデイトレード手法の手綱を握るのは、あなた自身です。本書を読んだからといって、明日から爆益が出るわけではありません。ただ1ついえることは、FXで勝ち続けるためのやり方、考え方の1つを知ったことは間違いありません
　だからこそ、勝ち続けるためにどんなときに売買をするのか、その考え方を吸収し、あなたが別の手法に仕上げるなど、好きなようにアレンジしてみてください。値動きの特徴をとらえたやり方なので、別の手法に存分に活用できるでしょう。
　FXは、思い立ったらすぐに参加できる投資です。やるからには本気で取り組んでください。そして、本書をきっかけに「億」を稼いでください。

　2019年5月

ぶせな

| CONTENTS　最強のFX 15分足デイトレード

はじめに

Chapter 1

ストレスフリーで億を引き寄せる「デイトレードの極意」

01	テクニカル分析で読み解くデイトレード	10
02	チャート設定は3本の移動平均線	14
03	15分足が永続的に使える時間軸	26
04	「どんなトレードをしたいか」を最初に決める	29
05	知識を蓄えてアイデアを豊富にしていこう	37

Chapter 2

「ルールづくり」は相場が動く仕組みを知ることからはじまる

06	トレードルールは3つの手順	44
07	エントリーは値が動き出すポイントで行なう	49
08	イグジットは値が止まるポイントで行なう	71
09	トレンドが反転するポイントは逆張りで	103

Chapter 3

トレード戦略を立てる
「具体的なプロセス」

10	大局を把握する	110
11	7つのラインで確実にエントリーポイントを絞る	121
12	チャートパターンは戦略を教えてくれる集団心理	163

Chapter 4

「確度を上げる」ために
理解しておくべきこと

13	期待値のあるテクニカル根拠が2つ以上そろったらエントリー	178
14	3つの市場の高値と安値が重要	183
15	ブレイクを期待しての先走りエントリーは要注意	188
16	価格が動き出すローソク足の2つの形	190
17	一度では抜けてこない「ダマシ」を見破る方法	198
18	トレードに時間的要素を取り入れる	203

Chapter **5**

「確率的思考」と「資金管理」で 負けない体制をつくる

19	デイトレードは「損益率」が命	208
20	取引枚数の決め方	216
21	軸がブレない思考を身につけよう	228
	「勝ち続ける」ために知っておきたい Q&A 10選	234

おわりに

カバーデザイン　井上祥邦（yockdesign）
本文デザイン・DTP　浅井寛子

Chapter

1

ストレスフリーで
億を引き寄せる
「デイトレードの極意」

Strongest FX 15 minute day trade

テクニカル分析で読み解く
デイトレード

01

相場の変化に影響されない手法こそ安定する

トレードで勝てなくなる理由は、主に何だと思いますか？

・手法が悪い
・時間帯が向いていない
・通貨ペアが不向き
・資金管理が下手

　このなかでどれかが当てはまっていれば、もちろん勝ち続けることはできません。問題は、すべてクリアしているのに、利益が積み重ならないというときです。何年間も日々勉強を続け、ようやく「勝てる」ようになったとしても、「勝ち続ける」こととは別です。

　勝ち続けることが難しい理由として、その手法が「特定の相場でしか通用しない」ことが挙げられます。

「特定の相場でしか通用しない」とは、相場が変わったときに、同じやり方では勝てないということです。たとえば、日足をベースにしたスイングトレードでトレンドフォローの手法を主としているタイプの場合、トレンドが発生していないと勝つことができません。レンジ相場からブレイ

10

クアウトしなければエントリーサインが発生しないため、エントリーができないのです。仮に、レンジ相場が6か月続いたら、この間はほとんどトレードできないことになります。

逆に、レンジ相場の上限と下限の往復を狙う手法を主とするタイプの場合、トレンドが発生したときに連敗することになります。連敗を避けてトレンドの終焉を待っていたとしても、その間はエントリーサインが発生しません。仮にトレンドが6か月続くような場合、その間はトレードにならないということです。

相場には、必ずトレンドとレンジがあり、交互にやってきます。つまり、どちらの手法にしても、仕事になる時期とならない時期が出てくるということです。エントリーサインが発生しなければトレードにならず、仕事がない状態と同じことです。半年間は仕事ができても、そのあとの半年は仕事がなければ、稼げるときとそうでないときの差が激しくなってしまいます。これが、収益が安定しない理由です。

勝ち続けるために必要なのは、「得意な相場が継続していること」が前提になります。しかし、**ほとんどの手法において、得意とする相場がいい調子で継続することは、まずありません。**

得意な相場がくるまで待ち続けることができるでしょうか。チャートは見ているのに、今日も明日もエントリーしないとしたら、それがストレスになる可能性もあります。このように、**売買シグナルが安定して発生することは、勝ち続けるうえで重要になります。**

為替市場は「テクニカル分析」が機能する

FXの初心者から、「最初に何から勉強すべきか」という質問をよく受けます。私は「テクニカル分析を身につけることです」と答えています。私たちトレーダーが、トレードで判断する際に用いる材料は、ファンダメンタルズ分析とテクニカル分析のどちらか、もしくは両方になります。どちらが正しいということはありませんが、FXの大きな特徴として挙げられ

るのが、「テクニカル分析がとても機能する」ということです。その理由と
して、為替市場が巨大という点が挙げられます。

　為替市場の売買高は、1日で約500兆円にのぼります。日本の株式市場
の1日の売買高は多くても約3兆円なので、その約166倍もの規模です。
また、為替は株のように何千もの銘柄があるのではなく、取引できる通貨
ペアが限られています。メジャーな通貨ペアでは基軸通貨のドルをはじ
め、円、ユーロ、ポンド、豪ドルを組み合わせた10種類ほどしかありませ
ん。つまり、巨額の資金が限られた通貨ペアに集まっているということで
す。そのため、大きな資金で注文を入れても、それだけで一気に価格が変
動するようなことはありません。機関投資家ならできますが、それは一時
的なものであって、長期間にわたって通貨の価格を操作することは不可
能です。

　メジャーな通貨ペアは操作された不自然な値動きがないので、常に適
正な値動きをしていきます。FXで利益を上げるうえで、これは大きなメ
リットになります。適正な値動きをしていると、テクニカル分析がとても
機能するからです。価格の吊り上げやおかしな操作がないので、多くの投
資家が相場をテクニカルで見るようになり、よりテクニカル分析の信頼
度が高まることになります。つまり、適切なテクニカル分析をしていれ
ば、FXで利益を上げることができるということです。これを活かさない
手はありません。

10年先も使えるトレードスタイルを手に入れよう

　冒頭でも書いたように、デイトレード手法は、1回のトレードで
100pipsなどのように利幅を稼ぐものです。そのためには、どんな判断を
すればいいでしょうか。考え方は、実はとても簡単です。小手先のテク
ニックや資金管理は一切必要なく、**相場の流れに従うだけ**です。そのため
には、シンプルなテクニカル分析で十分です。たとえば、トレンドライン
を引く、ローソク足の高値と安値を観察する、などです。しかし、「トレン
ドラインを引くなんて簡単すぎる！」と考える方は多いと思います。そん

なことは知っているし、面白くないかもしれません。もっと難しいことを
やって、知的なトレードをしたいと思うかもしれません。私も、最初はそ
うでした。

　しかし、難しいことをやると、間違いなく長続きしません。相場が変わ
るたびに判断も複雑になり、自分が迷うことになります。めざすべきこと
は、勝ち続けることです。そのためには、長く続くやり方を身につけるべ
きです。目先の値動きだけに注目して売買をするのもいいですが、毎日そ
んなことをしていると途中で混乱してしまい、結局何もスキルが身につ
かなかった、ということになりかねません。また、複雑なトレードで勝ち
方を覚えると、それを維持するのも面倒になり、疲れてしまいます。長く
続ける秘訣は、シンプルな手法にすることです。

　シンプルなトレードを心がければ、相場が変化してもすぐに対応でき
ます。必要なことは、あなたが知らないような**難解で複雑なことではあり
ません。非常にシンプルで、誰でも知っているような当たり前のこと**だっ
たりします。ただ、当たり前のことをないがしろにするトレーダーが多
く、その重要性に気づく方は少ないです。

　当たり前のことを継続することこそ、10年先も機能する秘訣です。シ
ンプルなことを継続することが、億を引き寄せるデイトレードの極意だ
と考えています。

13

Strongest FX 15 minute day trade

チャート設定は
３本の移動平均線

02

使うチャートはMT4のデスクトップ版

　これから、デイトレード手法を実践するためのチャート設定をすべて紹介していきます。設定はとても簡単で、チャートに表示するのは次の２つです。

・ローソク足
・移動平均線

　使用するチャートソフトは「メタトレーダー４」(以降「MT4」)です(MT4はメタクォーツ社が開発したチャートソフトです)。FXの業者は、どこを使っても問題ありません。その会社がMT4を採用していれば、国内でも海外業者でもどちらでも大丈夫です。国内と海外で大きく違う点は、チャート上に表示される時間です(FXでは１日の区切りがどこでも同じで、表示される時間が異なるだけだからです)。

　もちろん、「MT4でなければ駄目」ということはありません。これから解説する「３本の移動平均線」さえ表示できれば、業者を問わず、どんなチャートでも構いません。後述する売買シグナルを導き出すツールは、ほとんどがトレンドラインをはじめとする「ライン」です。３本の移動平均

14

線が表示でき、チャート上にラインを引く機能があれば問題ありません。MT4でなければエントリーサインが発生しないとか、別の業者では分析できない、というようなことはありません。けれども、ラインの使い勝手は、業者ごとに大きく違うので、いくつか試してみて、自分が使いやすい業者を見つけるようにしてください。本書では、私が使っているMT4で説明していきます。

　まだMT4を使ったことがない方は、Webからダウンロードしてください。これからずっと使っていくのなら、リアル口座を開設するのがいいでしょう。入金しなくてもチャートソフトはすぐに使えるので、とりあえず開設しておくと便利です。まずはデモ口座で試したいという方は、デモ口座の開設だけでも十分です。10分程度でデモ口座の開設からMT4のダウンロードまで完了できます。なお、本書ではiPhoneなどのモバイルアプリではなく、デスクトップ版のMT4で説明します。MT4はモバイルアプリも充実していますが、使い方がデスクトップ版と少し違います。デスクトップで使えるようになれば、モバイルアプリ版も自ずと使えるので、MT4に慣れていない方は、まずデスクトップ版の操作を覚えるようにしてください。なお、MT4の探し方で私のおすすめは、ブログにも書いています。

3本の移動平均線を使う

　ここからはチャートの設定方法を説明していきます。最初に、「ローソク足チャート」を表示させてください。背景色やローソク足の色は、任意です。ここでは、見やすい色に設定しています。背景色は白、ローソク足の設定は、陽線は白、陰線は黒にしています。

　次に、移動平均線を表示させます。図1-01を見てください。

図 1-01　移動平均線を表示させるための手順

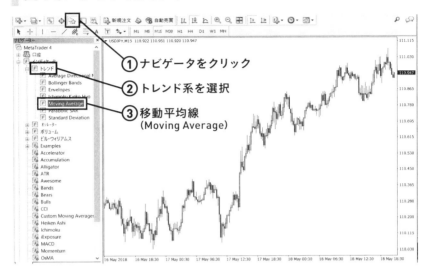

① チャートの上部左側「ナビゲータ」をクリック
② インジケータの「トレンド」を選択
③ 「Moving Average」が移動平均線。ダブルクリックするか、ドラッグしてローソク足チャート上でドロップする

　この操作をすると、チャート上にパラメータを設定する画面が出てきます。図1-02を見てください。

図 1-02　パラメータの設定

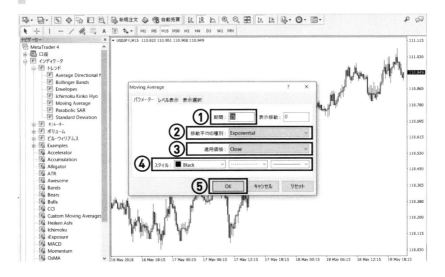

① 期間：25（「移動平均25」ということです）
② 移動平均の種別：Exponencial（「Exponencial Moving Average」の頭文字をとって、EMA ※指数平滑移動平均線 といいます）
③ 適用価格：Close（終値）
④ スタイル：本書の紙面が白黒なので黒で設定（線の種類は、自由に決めて構いません）
⑤ 最後に、OK をクリック

　そうすると、図1-03のように移動平均線が表示されます。パラメータで設定したように、正式には、「指数平滑移動平均線25」になります。一般的な言い方は「25EMA」です。本書では、このあとすべて「25EMA」といいます。

図 1-03　1本目の移動平均線（25日移動平均線）の設定

図 1-04　2本目の移動平均線（75日移動平均線）の設定

移動平均線は全部で３本表示させるので、次に２本目の移動平均線を設定します。操作は１本目と同じ要領です。変えるのは２箇所です。図1-04を見てください。

① 期間を「75」に変更（75EMA ということです）
② 線の種類を変える。「25EMA」と違うものを選択する

　３本目の移動平均線も、同じ要領で数字だけ変えます。図1-05を見てください。

図 1-05　３本目の移動平均線（200日移動平均線）の設定

① 期間を「200」にする
② 線の種類を変える。「25EMA」「75EMA」と違うものを選択する

　これで、３本の移動平均線が表示できました。この３つの移動平均線が表示できれば、チャート設定は完成です。図1-06を見てください。

図1-06 表示された3本の移動平均線

　なお、先ほど説明しましたが、書籍の紙面では色分けできないため、ここでは移動平均線の種類を変えています。実際のチャートでは、線の種類を同じにし、色を変える方法でもかまいません。ちなみに私は、線の種類を3本とも200EMAと同じ種類にし、次のように色で分けています。チャート背景色は「黒」にしています。

・25EMA　：黄色
・75EMA　：青
・200EMA：赤

移動平均線を使いこなすための「3×3」の原則

　チャート設定は完了しましたが、「なぜ、この移動平均線の設定なのか」と不思議に思う方がいるかもしれません。
「3本の移動平均線ではなく、2本や5本では駄目なのか？」
「25、75、200以外の数字では駄目なのか？」

「EMAではなく、SMA（単純移動平均線）では駄目か？」

　実は、どれも駄目ではありません。5本の移動平均線で、さらに期間を50にしたり、SMAを使ったりしてもいいでしょう。この移動平均線でなければ、絶対に利益が出せないということはありません。

　私が25、75、200EMAを採用している理由は、「なるべく相場の仕組みに則したい」という考えがあるからです。特に移動平均線に対するこだわりがなければ、25、75、200EMAがいい、という程度の理由です。ただし、適当に決めたわけではなく、次のような相場の仕組みに従っています。

・3種類のトレンド（短期トレンド / 中期トレンド / 長期トレンド）
・3種類の相場の流れ（上昇トレンド / 下降トレンド / 横ばい）

　この「3」という数字は、移動平均線を使いこなすためにとても重要です。まずは、3種類のトレンド（短期トレンド/中期トレンド/長期トレンド）について説明します。

　本書のデイトレード手法は、「トレンドを見極めること」を重要視します。トレンドを見極めることができれば、トレンドフォローで利益を上げるイメージが明確にできます。また、そのトレンドがどこで止まるのか、具体的に戦略を立てることができます。トレンドが小休止し、反転するポイントがわかる、つまり、逆張りでも利益を上げられるということです。トレンドをつかめれば、順張りも逆張りも可能になります。そして、トレンドは、「短期トレンド」「中期トレンド」「長期トレンド」の3つに分けられます。それぞれのトレンドの期間は、おおよそ次のようなイメージです。

・短期トレンド：1日〜数日
・中期トレンド：数日〜数週間
・長期トレンド：数週間〜数か月・年単位

厳密に、「何日以内が短期トレンドである」というような決まりはないので、だいたいのイメージでとらえてください。それぞれのトレンドで使う時間軸は、次のようなイメージです。

・短期トレンド：1分足・5分足・15分足・1時間足
・中期トレンド：1時間足・4時間足・日足
・長期トレンド：日足・週足・月足

「トレンド」といっても、1分足で発生した「短期トレンド」と月足で発生した「長期トレンド」では、見方もトレードのやり方も大きく違います。わずか30分間で発生したトレンドと、3か月続いているトレンドでは、値動きの要因が同じになるはずがありません。そのため、トレンドをチェックするときは、あらかじめ3種類に分けるつもりでチャートを分析するといいでしょう。そうすると、「短期的には上昇しているけど、長期的にはそうではない」など、具体的に相場をとらえることができます。

　移動平均線を3種類にしているのは、このためです。短期・中期・長期トレンドに合わせることで、より的確にトレンドを把握できるようになります。ローソク足のチャートだけを見るよりも、3つの移動平均線を表示したほうが、トレンド把握の手助けになります。

　期間を「25・75・200」にしましたが、これは「トレンドの期間」に合わせています。

・短期トレンド：25EMA
・中期トレンド：75EMA
・長期トレンド：200EMA

　ちなみにトレンドはどう見るのでしょうか。たとえば、200EMAが水平なら、長期的に見てトレンドが発生していない状態です。しかし、短期的には上昇トレンドが発生することもあります。また、3本の移動平均線がすべて下向きなら、短期的にも下降トレンド、中長期的にも下降トレン

ドが発生している環境です。このような分析は、ローソク足だけ見て考えるよりは、3本の移動平均線を見たほうが断然早く理解できます。図1-07を見てください。

図 1-07 移動平均線の向きでトレンドを把握できる

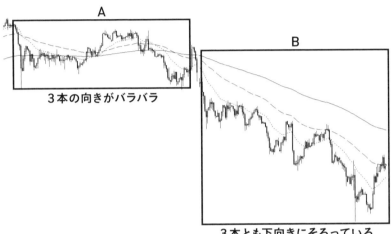

　Aの環境では、3本の移動平均線の向きはバラバラで、方向性がありません。ローソク足も、移動平均線を上下しています。一方、Bでは移動平均線が3本とも下向きです。上から、200EMA（長期トレンド）、75EMA（中期トレンド）、25EMA（短期トレンド）になっていますが、これは長い下りトレンドが発生したときに出る順番です。**3本の移動平均線がこのように並ぶことを「パーフェクトオーダー」といいます**（詳しくは後述）。

　また、安値を更新するときは、ローソク足が先行して下降していて、自然な下降トレンドが発生します。3本の移動平均線をパッと見て動きが把握できるため、環境を早く把握するという目的で有効です。

　このように、3種類のトレンドに合わせ、移動平均線も3種類にしています。1本の移動平均線が、どんな相場でも有効に機能することはありません。**期間設定の違う移動平均線3本を活用することで、各々が短期・中

期・長期という役割を果たし、総合的に判断できるということです。

■ 3種類の相場を把握しよう

前項で説明した短期、中期、長期の3つのトレンドそれぞれに、上昇、下降、レンジという相場には、次の3種類の流れがあります（合わせて「3×3」です）。

・上昇トレンド
・下降トレンド
・レンジ（横ばい）

トレードをはじめる前に、この9つの組み合わせのうち、現在どの環境にあるのかを把握しなければなりません。これがチャート分析の基本です。どんなトレード手法でも、その日トレードをはじめるときにチェックする必要があります。

今現在の相場環境を把握できていないと、適切な戦略が立てられません。たとえば、相場の流れが上昇トレンドにもかかわらず、下がると思って何度も売り（ショート）をすると、連敗してしまいます。また、環境を把握できていないため、「なぜ連敗したのか」という理由がわからないままになります。これでは成長するどころか、どんどん資金は減っていきます。

逆に、9つの流れのどれかさえわかれば、トレードで勝てる土俵に立てるのです。あとは、トレード手法によって、どこでエントリーするのかを決めていくのです。手法は順張りと逆張りのどちらでもいいでしょうし、スキャルピングやスイングトレードなど、さまざまなスタイルが可能です。基本である、相場の流れをきちんと理解しているからこそ、どんな手法にも応用できるようになるのです。

デイトレード手法も同じです。この9つの流れの見極めができれば、どんな相場でも戦略を立てることはできるでしょう。あとは、エントリーポイントをその日の相場に合わせて決めていけばいいのです。

24

このように、「3×3」という数字はとても重要です。3種類の「トレンド」および3種類の「相場の流れ」をまとめると、次のようになります。

・上昇トレンド　　　：短期 / 中期 / 長期
・下降トレンド　　　：短期 / 中期 / 長期
・レンジ（横ばい）：短期 / 中期 / 長期

　移動平均線を3本にする理由は、これらを見極めるためです。3種類の移動平均線で、3つの期間（短期・中期・長期）、3つの相場（上昇トレンド・下降トレンド・レンジ）の流れを把握する、というイメージです。

・短期上昇 / 下降トレンド：25EMA を使う
・中期上昇 / 下降トレンド：75EMA を使う
・長期上昇 / 下降トレンド：200EMA を使う
・レンジ（横ばい）　　　：25EMA・75EMA・200EMA を使う

「3」という統一性があるチャートにしておくと、トレードする前のルーティンがより意識しやすくなり、結果的に深いチャート分析ができるようになるでしょう。

　移動平均線は、あらゆるインジケータのなかで、使用率はトップクラスでしょう。しかし、「移動平均線とは何なのか？」「何のために移動平均線を使っているのか」、明確にその理由を答えられる方は少ないのではないでしょうか。「有名だし、何となく使っていた」という方は、ぜひこの機会に見直してください。そうすれば、戦略的に活用できるようになりますし、トレードが楽しくなってくるはずです。
　シンプルなチャートを、無駄な労力を使うことなく、見続けることができます。これほど楽で便利なインジケータは、他にないのではないでしょうか。**勝ち続ける秘訣は、何年、何十年見ていても疲れない**、この特徴にあるのかもしれません。

15分足が
永続的に使える時間軸

03

15分足以外で使えないわけではない

トレードを続けていれば、メンタルの浮き沈みは少なからずあります。沈んだときに、元の状態まで持っていくとき、トレード手法がシンプルなら、すぐに立ち返ることが可能です。

ローソク足にはさまざまな時間軸のものがありますが、デイトレード手法は、15分足で売買判断をします。なぜ15分足がいいのかというと、時間軸が長すぎず、短すぎないからです。

これから何十年とトレードしていくと考えると、5分足では売買シグナルが多すぎて、トレードがせわしなくなります。逆に1時間足以上になると、ポジションを翌日に持ち越すことが多くなるので、長いということになります。私はさまざまな時間軸を試してきた結果、15分足に落ち着きました。

どの時間軸でも、私の手法と同じような見方でトレードすることはできます。15分足は、あくまでも、朝から夜まで相場のことだけを考えている私の生活スタイルを基準に決めた時間軸です。エントリーポイントを5分足で見つけるのか、15分足か、それとも1時間足にするか、という違いだけです。「相場が上昇する」ポイントを見極め、適切にエントリーするという戦略は、どの時間軸でも同じなのです。

26

5分足のメリット・デメリット

　5分足の場合、15分足よりもエントリーサインが多く、トレードチャンスが多くなります。一見、たくさんトレードすれば勝ちトレードが多くなるので一番いいように思うかもしれません。しかし、**実はデイトレードでは勝率よりも、損益率のほうが重要になります。**詳しくは後述しますが、トレード回数が多すぎると、損益率が悪化してトータルで勝ちにくくなります。単純に、時間軸を短くすればエントリーチャンスが増え、総利益が多くなる、ということにはならないのです。

1時間足、4時間足のメリット・デメリット

　15分足よりも長い、1時間足や4時間足ではどうでしょうか。5分足とは逆にトレード回数は減りますが、1回のトレードで効率よく利益を上げることができます。効率がいいとは、1回当たりの利幅が増えると、スプレッド負けしないこと、無駄なトレードがなくなること、チャートを見る時間が少なくてすむ、などともいえます。たとえば、日中は仕事をして、帰宅後の21時からトレードをするサラリーマンの方なら、短い時間足を選択するよりも、1時間足などの長い時間軸をメインにすることをおすすめします。

　私が15分足がデイトレードに最適だと思うのは、感覚的なことになりますが、相場の時間と日々の生活の時間の移り変わりのスピードがシンクロする感覚があるからです。1日中チャートを見ていて、5分足だと少し忙しいと感じることはあっても、15分足だとそうは感じません。逆に、1時間足や4時間足でトレードしようとすると、時間がゆっくりと感じて思わず不要なところでポジションを取りたくなります。

　参考までに説明すると、ローソク足が1日で形成する本数は、5分足だと288本、1時間足だと、たったの24本です。

- １分足　：1440本
- ５分足　：288本
- 15分足　：96本
- １時間足：24本
- ４時間足：６本
- 日足　　：１本

　ローソク足を見てトレードするとしたら、日足のように１本だけ見て売買判断するには数が少なすぎます。一方、１分足や５分足だと多すぎると私は感じています。15分足だと、**１日に約100本のローソク足が確定するので、そのなかで数回エントリーポイントが見つかるので最適**です。このように、ローソク足が形成されてチャートが出来上がっていくスピードと、私自身の時間の感覚が15分足にマッチしているということです。

　シンプルなチャートで、程よい時間軸でトレードするからこそ、まったく苦にならずにトレードできます。これが、継続的にトレードをしていく秘訣です。

Strongest FX 15 minute day trade

Chapter
1

ストレスフリーで億を引き寄せる「デイトレードの極意」

「どんなトレードをしたいか」を 最初に決める

04

先のことを考えることで、あたふたしなくなる

　私はFXをはじめたころ、トレードで利益を上げられるイメージがまったくありませんでした。ころころと手法を変え、決めていた損切りポイントで損切りしないなど、滅茶苦茶なトレードをしていました。勝つイメージがないので、トレードのルールを守れないのです。当時の私のようにならないよう、これからトレードで確実に利益を出していくために、どんなトレードをしていきたいのか、イメージしておくことをおすすめします。

　ルールは決まっていないし、イメージなんてできないと思うかもしれませんが、それだと手遅れになりかねません。デイトレード手法は、1回のトレードで数十pipsから100pipsを狙うものです。私は常にこのpipsを意識し、「次のトレードで50pips取る」「ここに到達したら利益確定をする」というイメージを持っています。もちろん通貨ペアと相場環境により勝ち方は異なりますが、遅くてもエントリーをする前にイメージができています。これは非常に重要なことだというのは経験から断言できます。イメージしていると、本当にそのようなトレードができるのです。こんなトレードがやってみたい、という願望があればそれをイメージしてください。

「こういうときにエントリーすると、50pips取れるんだ」

29

「これが勝てるパターンだから、このチャートの形を探せばいいんだ」

　などと考えることが重要です。考えると、損切りもできるようになるなど、ポジション保有中にあたふたしなくなります。

イメージしたトレード以外はまぐれ

　イメージができていると、その通りにトレードができるようになります。逆に、イメージがないと結果を出せるトレードを行なうことはできません。たとえば、ふだん15分足を中心にエントリーしているのに、突然、数か月もポジションをホールドして大勝ちすることはできません。また、4時間足を軸にしているのに、たくさんトレードしたいからといって、いきなり5分足に切り替えても、勝つことはできないでしょう。それは、5分足での勝ちパターンのイメージがないからで、イメージした通りのトレードしかできないから負けてしまうのです。**どんな熟練トレーダーも、何年トレードしていようが、イメージ通りのトレードしかできないのです。**

　いってみれば、イメージしたトレード以外は「まぐれ」です。ビギナーズラックなどはまさにイメージしていない勝ち方で、偶然ということです。まぐれは長続きしません。しかし、イメージ通りにうまくいったトレードは、自分の実力になります。そして、イメージできると、トレードの軸がブレなくなります。「イメージができないならエントリーしない」というように、負けるトレードを防ぐことにもつながります。

　もしイメージがなければ、私と同じように、15分足チャートを中心に、最初は1回のトレードで数十pipsを狙う形をイメージしてみてください。イメージすることで、これから読み進めていくうえでの理解が深くなります。そして、本書を一度読み終えたら、トレードの前に自ら一度イメージしてみてください。最初よりも、イメージできるようになっているはずです。

1つの通貨ペアを毎日追いかけていく見方

　15分足デイトレードには、次の2つのスタイルがあります。

- 1つの通貨ペアに絞る
- トレンドが出ている通貨ペアをトレードする

「1つの通貨ペアに絞る」とは、文字通り通貨ペアを1つに絞り、USD/JPYならそれだけを毎日トレードするスタイルです。USD/JPY以外の通貨ペアはトレードしません。同じ通貨ペアだと、トレンドとレンジが交互に訪れます。トレンド発生時ならトレンドフォローになり、レンジ相場なら一定の値幅で売ったり買ったりするやり方になります。

まずは、1つの通貨ペアでトレンドとレンジを見極め、戦略を変えていくスタイルです。

図1-08を見てください。これは上昇トレンドなので、ロングポジションを持ってトレンドに乗るイメージです。しばらくホールドして大きな利益を取るのもいいですし、細かく利食いし、下げたら買うという押し目買いを何度も行なうのもいいでしょう。

図 1-08 上昇トレンドでのイメージ

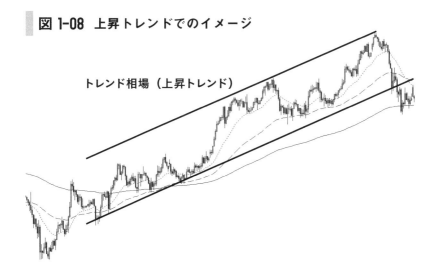

図1-09を見てください。これは、三角もち合いです。レンジ相場なの

で、一定の値幅で行ったり来たりします。トレンド相場に比べてトレードは細かくなりますが、レンジ幅さえ誤らなければ、売りでも買いでも、何度もトレードできます。そして、レンジをブレイクしたら、図1-08のようなトレンド相場になることをイメージして目線を切り替えればいいでしょう。

図 1-09　レンジ相場（三角もち合い）でのイメージ

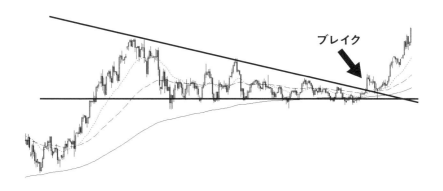

　フォーカスしているのは、その「通貨ペア」です。たとえばUSD/JPYだけに絞ると、どんな相場環境でもUSD/JPYで利益を出していく前提になります。この通貨を選択する理由は、USD/JPYになじみがある、クロス円のように激しく動かないから性に合う、他の通貨ペアはやったことがないので抵抗があるなど、さまざまでしょう。

　USD/JPYに限らず、EUR/USDだけにするなど、どんな通貨ペアでもいいでしょう。相場環境にかかわらず、その通貨ペアで利益を上げるトレードをします。ここでフォーカスするのは、「通貨ペア」です。

トレンドが出ている通貨ペアを追いかけていく見方

　もう１つは「トレンドが出ている通貨ペアを追いかける」スタイルで、フォーカスするのは「トレンド」です。私はどちらかというとこのスタイルです。同じ通貨ペアだけを手がけるのではなく、トレンドが出ている通貨ペアを選び、追いかけていきます。トレンドは、「上昇トレンド」「下降トレンド」の２種類があります。そのため、次のように２つのスタイルに分けてもいいと思います。

・上昇トレンドの通貨ペアをトレード
・下降トレンドの通貨ペアをトレード

　どちらのトレンドでも、デイトレード手法のやり方は同じです。上昇トレンドと下降トレンドでエントリーサインが違うということはないので、両方のトレンドはひとくくりにしてください。

　あえて上昇と下降で違う点を挙げるとしたら、「上げ下げのスピード」です。相場は「上げ100日、下げ３日」といわれます。100日かけてゆっくりと上昇した値幅を、下げるときはたったの３日で帳消しにするということです。**相場は往々にしてゆるやかに上昇し、一気に下降するジェットコースターのような値動きをします。**

　ちなみに、私は下降トレンドが好みです。理由は、下降トレンドのほうが短期で値幅が出るからです。下げるポイントさえつかめれば、時間をかけずに効率よく値幅が稼げます。また、「下降トレンドに乗る」というイメージをしていれば、自ずとそのトレードができるようになるのは、先述した通りです。

　図1-10を見てください。これはUSD/JPYです。「下降トレンドに乗る」という視点なら、戻り売りに徹していればいいので、余計なことを考えずにすみます。矢印の箇所は戻り売りができるポイントで、このようなチャートを発見したら、ショートすれば勝てるということです。

図 1-10 「下降トレンドに乗る」という目線でのトレード

　このチャートはUSD/JPY15分足で、チャート上の最高値と最安値の値幅が約200pipsあります。天井から底まで、根こそぎ取れないにしても、戻り売りを狙うことで1度ではなく、2度3度と取れるので、pipsは稼げます。

　USD/JPYが下降トレンドなら、下降トレンドが終わるまで監視を続けます。このトレンドが終われば、他の下降トレンドが出ている通貨ペアに移ればいいのです。こうすると、戻り売りだけに集中できるので、相場を見るときの作業が非常に楽になります。何よりも、**下降トレンドさえ発見できればトレードで勝てることはストレスフリーなのです。**下降トレンドが続く限り、勝てる確率が格段に上がるからです。

　ちなみに、私が監視している通貨ペアは、次の10種類です。

・USD/JPY（ドル／円）
・EUR/JPY（ユーロ／円）
・GBP/JPY（ポンド／円）
・AUD/JPY（豪ドル／円）

- EUR/USD（ユーロ / ドル）
- GBP/USD（ポンド / ドル）
- AUD/USD（豪ドル / ドル）
- EUR/AUD（ユーロ / 豪ドル）
- GBP/AUD（ポンド / 豪ドル）
- GBP/NZD（ポンド / ニュージーランドドル）

　この中から、下降トレンドが出ている通貨ペアを選んでトレードするのが、私の好きなスタイルです。USD/JPYの下降トレンドが終わったら、次はEUR/USDが下降トレンドになるなど、何かしらの通貨ペアでチャンスがあります。フォーカスしているのは「トレンド」で、トレンドが出ていれば、どの通貨ペアでもOKということです。

　このように、1つの通貨ペアにフォーカスし、上昇トレンド、下降トレンド、レンジを見極めてポジションを取るのではなく、トレンドにフォーカスしたスタイルです。どちらのスタイルにせよ、好みの勝ちパターンを持っていると、勝ちトレードもイメージしやすくなるでしょう。

トレンドがわかれば自ずとレンジもわかる

　トレンドとレンジにおいて、どちらかにフォーカスしてトレードしても構いません。1つ大事なことをお伝えすると、**レンジ相場よりも、トレンド相場を見極めることが重要です**。トレンド相場の見極めができれば、そのあとのレンジ相場も、自ずとわかるようになるからです。しかし、レンジ相場ばかり見ていると、トレンド相場を見極める判断が遅くなります。経験上、レンジ相場ばかり見ていると、小さな上下動に振りまわされて、大きな流れを見落とすことが多くなります。

　たとえば、少し動いただけでトレンドと勘違いすることがあります。また、レンジ相場の中の小さなトレンドでトレードしようとし、どんどんと視野が狭くなっていく感覚に陥ります。これでは、デイトレードのつもりが数分で決済してしまうなど、トレードも小さくなってしまうのです。大

きなトレンドで、大きなトレードをする意識が必要です。そのために、まずは相場の大局を把握し、そこから細部へと視点を移していきます。大から小へ、ということです。

「木を見て森を見ず」ということわざがあります。デイトレードも同じで、トレンドという大局を把握してこそ、レンジもわかります。トレンドが発生していなければ、自ずとレンジ相場になるわけです。**小から大を見るのではなく、大から小へと視点を移していく意識を持ちましょう。**

トレンドに乗るとは、どういうことか？

大きなトレードをするためには、「トレンドに乗る」ことが重要です。これは、デイトレード手法の原理原則です。トレンドフォローができなければなりません。

私も、昔はトレンドフォローが得意ではありませんでした。好きではなかったというほうが正しいです。当時、初心者向けの書籍を読むと、どれもトレンドフォローが大事とだけ書いてあるものの、具体的なやり方は書いてありませんでした。そして、自分なりに試してみると、トレンドに乗ることなどまったくできません。「トレンドなんてどこまで進むのかわからないのに、乗ることなどできない」と考えていました。

しかし、知識をつけて経験していくうちに、図1-10のようなトレンドフォローこそ永続的に使える手法だと、強く感じるようになりました。何よりも、**トレンドフォローができれば、レンジ相場も順張りも逆張りも、どんな相場でも対応できる**ことがわかったのです。

デイトレードは、トレンドが見極められるとトレンドフォローができる、そうするとレンジでも勝てる、というように、だんだんとできることが増えていきます。1つのことができると、次から次へと応用できるようになります。その最初の事項をしっかり叩き込みましょう。

Strongest FX 15 minute day trade

Chapter

1

ストレスフリーで億を引き寄せる「デイトレードの極意」

知識を蓄えて
アイデアを豊富に
していこう

05

トレードの引き出しが多い人は勝ち続ける

　トレードが上手な人は、なぜ負けないのでしょうか？　上げ相場のとき、暴落している時期、相場が閑散としているときなど、うまい人はどんな相場でも利益を上げています。

　勝ち続けるトレーダーが、勝っている理由の１つに挙げるのは、「トレードの引き出しが多い」ということです。**トレードの引き出しとは、「このような相場だと次にこうなりやすい」という勝ちパターンのイメージを持っていることです。**

　たとえば、「このチャートパターンだとここから上昇する」「この移動平均線の傾きは強いトレンドが発生する前兆だ」などです。そうすると、どんな相場がきても、引き出しを使い分けて対応することができます。引き出しの数が少ないと、何をしていいのかわからなくなり、適当にトレードするはめになります。また、今は機能しているやり方でも、通用しない時期が必ず訪れます。相場が変わるからです。最初の数年は調子よく勝てていたけれど、ある時期から勝てなくなり、専業トレーダーとしてやっていけなくなるという人を多く見てきました。それは、引き出しの数が少ないからではないでしょうか。また、引き出し自体が小さいという問題もあります。特定の相場でしか通用しないようなやり方は、そもそも引き出しが

37

小さくて数が収容できません。

　そうではなく、いくらでも収容できる大きな引き出しを準備するのです。この引き出しの大きさは「手法」の多さともいえます。引き出しが大きければ、収容できる量も増えますし、ずっと使えます。ただし、どんなに大きな引き出しを用意しても、そのなかに入れる道具がなければ意味がありません。ある程度の道具は、Chapter 2 から用意します。それを使いこなせるかどうかは、あなた次第です。

トレードを実践すると引き出しが増えていく

「どんなトレードをしたいかイメージする」ことが大事だとお伝えしましたが、私がこれまで利益を上げることができたのは、イメージ力が優れていたからだけではありません。ただ単に、トレードの引き出しが多くさまざまな勝ちパターンがイメージできているからです。基礎ができれば応用ができるようになります。そして実践していくと、引き出しはどんどん増えていきます。**トレードするだけでは、引き出しは増えません。トレードし、検証するからこそ、引き出しは増えていきます**。検証するためには、インプットが必要です。そのうえでアウトプットすると、どんどん吸収できます。インプットしたら、実践してアウトプットしていってください。

努力の方向性と質の高さが重要

　トレードは、やみくもに経験を積んでも一向に上達しません。「これをやれば勝てる」というようなものもありません。また、トレードした時間や努力量により決まるものでもありません。ただし、上達するには、ある程度の法則があります。それは、「努力の方向性」です。わずか半年でコツを覚えて勝てるようになる人がいる一方、5年、10年続けてもまったく勝てるようにならない人がいます。この差は、「正しい方向性」の努力をしているかどうかです。**適切な努力をしないと無駄な努力に終わるので**、常

に考えながらトレードするようにしましょう。思考のない、冷静さを失ったトレードをしても、学ぶべきことは何もありません。そうではなく、検証可能な思考の道筋が残る努力を意識していきましょう。

　正しい努力をするための方法は、「今、何のために分析をしているのか」「昨日予測した値動きの結果と要因を復習する」など、目的をもってチャートを見るようにすることです。何となくチャートを見てポジションを持っているだけでは、一向に上達しません。**思考ある正しい努力をするためには、やはり知識が必要になるのです。**本書でしっかりとインプットすれば、思考ある正しい努力はできるはずです。ポジションの取り方や利益確定の考え方など、なぜそうなるのかを考えながら読み進めてください。

値動きには仕組みがある

　通貨ペアの価格は、24時間ランダムに動いています。しかし、ランダムとはいえ、規則性があります。たとえば、レンジ相場からブレイクし、トレンド相場へ展開していく流れなど、同じようなパターンで動いています。

　また、節目となる価格帯で相場が止まり、反転するなど、相場には決まった仕組みがあります。デイトレードでは、最初にこのような知識を徹底的にインプットすることが、勝つための最短ルートです。そうすることで、トレード戦略をしっかりと組み立てることができ、期待値の高いトレードができるようになります。

　「今回はいいだろう」という根拠が薄いエントリーをしてはいけません。一度やると、何度もそのトレードをやるようになります。逆に、仕組みを知っていれば、無茶なトレードをしなくなります。仕組みに則っているのか、それとも逆らったトレードをしているのかを認識できるようになるからです。そのために、値動きの仕組みを知ることが重要です。

経験値を上げるおすすめの行動

　必要な知識をインプットしたら、アウトプットしながら実践を繰り返していきます。そうすることで、トレードに必要な経験値を積み重ねることができます。インプット→アウトプットのサイクルがとても重要です。さらに、効率よく経験値を積み上げるため、次のようなことを意識してみてください。

・決めた時間に毎日取り組む
・今、何のためにこれをやっているのか自分なりに考える
・継続力や集中力を持つ
・すぐに役にたたないような知識でも長期的な視点で吸収する
・トレードノートを取る
・相場とはどんなものか理論や概念も考える

　これらを意識しながら日々取り組むと、質の高い経験ができます。最初は、それが何のために役に立つのかわからないかもしれませんが、一定の量をこなすと、目に見えて上達を感じるようになります。また、これらを実践することで、他の人よりも速いスピードで上達するでしょう。

これから毎日取り組むと、ものすごいスピードで上達する

　FXは覚えることが多いと感じるかもしれません。しかし、一度覚えてしまうと、「これだけか」と感じるようになります。私がおすすめするのは、「短期間に集中して覚える」ことです。**集中的に知識を取り入れると、それが新鮮なまま、次の知識を吸収できるようになります。こうなると、相乗効果で効率よく頭に入ってきます。**

　FXのようにさまざまな知識を総合的に判断する必要がある投資では、相乗効果が大きな成果を生みます。また、上達のスピードもすさまじいものがあります。徐々に引き出しのなかを増やしていくことも重要ですが、

最初に一気にそろえてしまうことが大切です。

　たとえばテクニカル分析でいうと、トレンドラインについて学んだ知識が新鮮なまま、サポートラインを学ぶとします。そうすると、トレンドラインとサポートラインを組み合わせて実際の相場をイメージできるため、総合的に判断する癖がつきます。知識が3つ、4つと増えてくると、さらにイメージがわいてくるため、トレードで試したくなるでしょう。逆に、今月はトレンドライン、来月はサポートライン、などのように期間が空いてしまうと、前に勉強したトレンドラインのことなど、もう忘れてしまっていることでしょう。そうすると、チャートを見ていても総合的に判断するということができません。一度このような癖がついてしまうと、考えを変えるのは相当な労力が必要になります。そのため、取り入れた知識は、すぐに実践するくらいのスピードで取り組んでください。

　さて、ここまで紹介してきたのが、デイトレード手法の基本中の基本でもあり、これは極意といえます。次のChapterからは、実際のトレードルールを見ていきましょう。

Chapter

2

「ルールづくり」は
相場が動く仕組みを
知ることからはじまる

Strongest FX 15 minute day trade

トレードルールは
３つの手順

06

ルールづくりは相場が動く仕組みを知ることからはじまる

　ルールというとすごく単純で、誰が見ても同じエントリーサインを思い浮かべるかもしれません。たとえば、次のようなエントリーサインは有名です。

- 25EMA が75EMA をゴールデンクロスしたら買い
- 直近の高値をブレイクしたら、次のローソク足の始値で買い
- 窓開けしたら、埋める方向へ逆張りをする

　こうした手法は、ネットで検索すれば無料でたくさん出てきますし、どれも間違ってはいないやり方です。これらのシグナルが発生するのを待っていれば勝てるように感じます。ただし、どんな手法であっても、大前提を見落としているようでは勝てません。それは、「現在進行中の相場に当てはまるかどうか」です。

　「25EMAと75EMAがゴールデンクロスする」にしても、上昇トレンドか下降トレンドかにより、ゴールデンクロスの意味がまったく違ってきます。また、15分足でギャップダウン（窓開け）し、窓埋めしそうに見えても、実は日足では、ギャップダウンが上昇トレンドの終焉で、二度と窓

44

埋めせずに下降トレンドになるかもしれません。

　逆をいうと、**相場環境さえ把握していれば、どんな手法でもある程度は活用できるということです。**上昇トレンド中に、「今が上昇トレンドである」と認識さえできていれば、少なくとも順張りなら買い目線になります。タイミングが合えば、いいところで買えるでしょう。極端にいえば、適当にロングで入っても、上昇トレンドの波は把握できているので、大損することはありません。この場合、手法がなかったとしても、勝てる確率は上がります。それは、上昇トレンドという相場環境を把握できているからです。

　このようなトレードをするためには、相場が動く仕組みを理解しなければなりません。**仕組みを理解すれば、自ずと相場環境がわかり、ルールが決まってきます。つまり、ルールづくりは、相場が動く仕組みを知ることからはじまるのです。**

　また、「なぜそのルールだと勝てるのか」までを理解する必要があります。そうすることで永続的に勝てるやり方になるからです。そのため、デイトレード手法のルールはシンプルですが、そこに至るまでに莫大な取捨選択を行ないます。ここでエントリーすれば勝てるだろう、というポイントでトレードするのが特徴です。

　決まった型があって、そのパターンが出るまで待つという手法もあるでしょう。しかし、そのパターンが出なければ、シグナルが発生しません。往々にして、決まった型は相場が変わるとシグナルが発生しなくなるなど、勝ち続けることは難しいのです。一方、そのときの相場環境に合わせてエントリーポイントを自分で見つけると、たとえ相場が変わっても、勝てるポイントを探すことができます。本デイトレード手法は、まさにそうです。先に述べましたが、10年先も永続的に使えるというのは、このためです。どんな相場であっても、エントリーポイントを自分で探せるからです。ただし、決まった型がないので、「結局どこでエントリーすればいいの？」となるかもしれません。では、どうしたらいいのか、それをこのChapterでお伝えしていきます。

まず、エントリーするうえで、次の３つの手順が非常に大事です。

１．戦略を立てる
２．エントリーする
３．決済する（利益確定もしくは損切り）

　実は、この３つの手順をしっかりと考えているトレーダーは、あまりいません。戦略を立ててエントリーしても、決済があいまいな場合もあるでしょう。利益確定と損切りのポイントは決めたとしても、トレードしたいがために、根拠なく「何となく上がりそうだ」という相場観だけでエントリーする人も多くいます。このやり方では、その日は勝てたとしても結局は長続きせず、永続的に勝てません。

　そうはいっても、ルールが構築できていないのにいつも３つの手順を決められるわけがないと思うかもしれません。逆に、ルールがないからこそ、決めごとをして仮説と検証を繰り返すのです。トレードの検証をする際、仮説がないと検証できません。その仮説が、この３つの手順というわけです。

　手順を決めていると、どこでエントリーしていれば勝てたのかを考えるようになります。また目的があると、チャートから効率よく情報を得ることができ、読み取る能力がどんどん上がっていきます。

ポジションを取る場面を２つに絞るのがポイント

　デイトレード手法は、「シグナルのフィルターをすべてクリアしたらエントリー」というような型にはまったものではありません。ポジションを取るために、値が動くポイントを自らで見つけます。そして、値が動くポイントは、次の２つに絞ります。

１．トレンドが出はじめる
２．トレンドが反転する

46

極端にいうと、チャートからこの2つを見つけることができればいいのです。価格は常にランダムに動いています。たとえば、ローソク足1本の形をすべて予測するとか、24時間動いている相場を何から何まで理解しようとすると、やることが多すぎて混乱するはずです。大事なことは、ポジションを取って利益確定をすることです。そのためには、必要のない相場は捨てるくらいの割り切りがあってもいいでしょう。ポジションが取りやすい箇所でトレードし、それ以外はトレードしないことです。エントリーをこの2つの場面に絞ることで、効率よく利益を上げることができます。

なぜこの2つの場面かというと、テクニカル分析が一番機能するからです。ここが、勝てる土俵になるのです。土俵を広げても、負けが増えるだけで結局資金が増えていきません。それよりも、**勝てる土俵を最初に決めてしまい、相場がその土俵内に入ったら、引き出しを開けてトレードをするというイメージです。**確率が高い戦いだけをすることができるので、自分の土俵内にくれば、しめたものです。

通常の値動きであれば、この2つのポイントは、テクニカル分析で見つけられます。経済指標や要人発言などのイベントは除きますが、土俵外のイベントは、あらかじめ発表される時間がわかっていることがほとんどなので、様子見をしていれば問題ありません。イベントのあと、この2つのポイントがあらわれれば、トレードすればいいだけです。勝てる土俵でトレードするからこそ、勝率も損益率も上がっていきます。

テクニカル分析が機能する理由は、相場の仕組みを活用しているからです。相場には、「このような形が出ると、そのあとはこうなりやすい」という型が存在します。実際にそうなるかは別としても、確率的には、「トレンドラインにあたったら上がりやすい」などの確度が高い場面が出てきます。テクニカル分析をして、値が動く2つのポイントでトレードすることで、勝てる土俵に立つことができるのです。つまり、テクニカル分析が

機能しやすい、

1．トレンドが出はじめる
2．トレンドが反転する

　という2つの勝てる土俵のなかで……

a．戦略を立てる
b．エントリーする
c．決済する（利益確定もしくは損切り）

　という3つの手順がデイトレードの基本になるのです。

Strongest FX 15 minute day trade

エントリーは値が動き出す
ポイントで行なう

07

Chapter

2

「ルールづくり」は相場が動く仕組みを知ることからはじまる

トレンドが出はじめる箇所は順張りで

　ここからは、具体的なエントリーポイントを見ていきます。なぜそこでエントリーすると含み益になるのか、理解しながら読み進めてください。
　エントリーポイントには、2つの場面があります。

１．トレンド相場でのルール
２．レンジ相場でのルール

　これに、Chapter1で紹介した次の3つを組み合わせます。

・3本の移動平均線
・3つの期間（短期・中期・長期）、
・3つの相場（上昇トレンド・下降トレンド・レンジ）

　トレンドが出はじめる箇所は「トレンドフォロー」になります。トレンドが出はじめる箇所にラインを引いていくのですが、このラインを引くことが、エントリーするうえでもっとも重要になります。ラインに価格がぶつかったり、ラインをブレイクしたりすることで、トレンドが出はじめ

49

るからです。

　ラインには、上昇トレンドラインやチャネルライン、水平ラインなどさ
まざまなものがあり、これらを一言で「ネックライン」といいます。ネック
(障害、ボトルネックの略)になる、つまり、とても重要になるラインとい
う意味です。ネックラインを引くことで、エントリーポイントを絞ること
ができます。そして、エントリーは次の2つの条件がそろったときに行な
います。

１．移動平均線がパーフェクトオーダーであること
２．ネックラインが引けること（横、斜めどちらでもよし）

　どのようなことか、具体的に説明します。

パーフェクトオーダーはトレンドが出はじめるサイン

「パーフェクトオーダー」とは、3本の移動平均線がトレンド方向へきれ
いに並ぶことです。上昇トレンドの場合、上から「25、75、200」の順番に
なります。短期である25EMAは、直近のローソク足の動きに敏感に反応
します。そのため、ローソク足が上がれば25EMAも先行して進み、その
あとに中期の75EMA、最後に長期の200EMAと続きます。価格が上がり
続ける限り、この順番になります。

　一方、下降トレンドの場合は逆で、上から、「200、75、25」の順番です。

　図2-01を見てください。

50

図 2-01 上昇トレンド発生時の買いシグナル

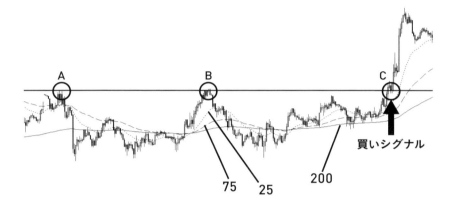

　これは上昇トレンドの売買シグナルを示したものですが、Cのポイントが買いのシグナルになります。なぜCが買いシグナルなのかというと、まずCの直前の移動平均線に注目するとパーフェクトオーダーになっています。上から、25、75、200の順番です。上昇トレンドが出ると、この順番をキープしたまま価格は上昇します。トレンドが強いと、3本の移動平均線の間隔も広くなりますが、Cでブレイクしたあとのパーフェクトオーダーを見るとわかりやすいでしょう。

　パーフェクトオーダーになったら、「これからトレンドが出るかもしれませんよ」ということを示唆していると覚えてください。ただし、パーフェクトオーダーになったとしても、必ずトレンドが出るとは限りません。実はBのポイントでもパーフェクトオーダーになっていますが、ここでは上昇トレンドになることなく、レンジになっています。Cでも上にブレイクするのではなく、Bと同様に反落してレンジになる可能性はありました。そのため、パーフェクトオーダーが出たからといって単純に買い注文するのではなく、もう1つの条件をクリアする必要があります。それが、2つ目の条件である「ラインのブレイク」です。

ラインのブレイクでエントリー

　今回のラインは、A、B、Cを結んだレジスタンスラインです。AとBが同じ価格帯で反落しているので、AB間に水平ラインが引けます。これが直近の高値となり、レジスタンスラインになります。そしてCに来たとき、2つの判断ができます。

・レジスタンスラインを上にブレイクしてトレンド発生
・レジスタンスラインで反落してレンジになる

　レジスタンスラインがなければ、Cは単なる上昇のスタートにすぎません。しかし、今回は3度目の上値トライという前提があります。そのため、Cでは他のトレーダーもブレイクするかどうかに注目しています。ひとたびブレイクすれば、ここぞとばかりに買い注文が殺到し（売り目線のトレーダーは買い戻しをする）、上昇トレンドになる可能性が高いということです。また、Cの直前でパーフェクトオーダーになっているので、移動平均線も上昇のスタートを示唆しています。

　重要なのは、レジスタンスラインと移動平均線の、2つの根拠がそろっていることです。仮に条件がレジスタンスラインだけ、移動平均線だけだと、トレンドが発生するかどうかはわかりません。レジスタンスラインをブレイクしたとしても、それだけで上昇トレンドが発生するとはいい切れず、ダマシになって反落するかもしれません。また、パーフェクトオーダーになったからといって、いつもトレンドが出るとは限りません。実際にBのポイントでは、パーフェクトオーダーになっても、レジスタンスラインで止められています。移動平均線が上昇トレンドの形になりはじめ、かつ、ラインをブレイクしたからこそ、本格的に上昇トレンドにつながっているのです。

　2つの条件をクリアして、はじめて買い注文を出します。他のやり方に応用するにしても、根拠は1つではなく2つ以上探すのが大切です。

では、Cをブレイクする直前で、買いを入れるのは間違いでしょう
か？　結果的に上昇トレンドになっているので、もしエントリーしてい
れば大きな値幅を取ることができます。しかし、ブレイクする直前にエン
トリーすることは、私はおすすめしません。その理由は、すべての場面で
ブレイクを期待するようになってしまうからです。

　値が走るポイントを見つけ、実際に値が走りはじめ、それに乗るのがト
レンドフォローです。値が走るポイントを見つけたとしても、実は値が止
まるポイントなのかもしれません。動き出すポイントを見つけるのは1
つ目のステップとして大事なことですが、すべての箇所でブレイクして
値が走るとはいえません。実際にブレイクしたことを確認して、それから
エントリーをするようにしましょう。この確認作業がとても大切です。

1．移動平均線がパーフェクトオーダーである
2．ネックラインをブレイクする

　この2つが売買シグナルです。ただ1つの場面だけではまだピンとこ
ないと思います。これからさまざまなシーンで説明していくので、少しず
つ理解してください。

トレンドとレンジは200EMAでわかる

　次の場面を見てみましょう。図2-02は15分足です。トレンド→レンジ
→トレンドという流れになっています。

図 2-02 トレンド→レンジ→トレンド

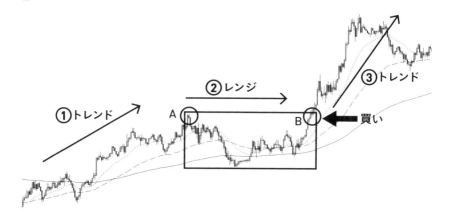

　チャートを開いたとき、ローソク足は当然見ることでしょうが、移動平均線も必ず見るようにします。むしろ、相場の流れをパッとつかむには、3本の移動平均線を見たほうが早いです。
　①のトレンドでは、パーフェクトオーダーになって上昇しています。②のレンジでは、パーフェクトオーダーが終了し、3本の移動平均線の向きがバラバラです。25EMAと75EMAは下向き、200EMAは少し上向きです。3本の方向性がそろっていないので、ローソク足も移動平均線にからみつくように上下動しています。レンジ相場のときは、ローソク足と移動平均線はこのようになります。そして、③のトレンドでは、ローソク足が先行して進み、移動平均線がパーフェクトオーダーをキープしてローソク足を追いかけています。このように、ローソク足だけを見るより、移動平均線を見ると相場の流れがわかります。
　特に、**大局をつかむには、3本の移動平均線のなかでも200EMAの傾きを見ると一番わかりやすいです**。チャートを開いたとき、ローソク足が、200EMAより上か下かをまずチェックするようにしてください。

・ローソク足が200EMAより上なら上昇相場
・ローソク足が200EMAより下なら下降相場

・ローソク足が200EMA付近ならレンジ相場

①と③のトレンド時、ローソク足は200EMAよりも上ですね。
加えて、200EMAの傾きもチェックします。

・200EMA が上向きなら上昇トレンド
・200EMA が下向きなら下降トレンド
・200EMA が水平ならレンジ

①と③は、200EMAは上向きです。②は若干上向きですが、①のトレンド時と比べると、水平になりかけています。このように、ローソク足と200EMAを見るだけでも、相場の流れがつかめます。

今回のシグナルは、Bをブレイクしたときの買いです。①で上昇トレンド、②がレンジです。Bの直前にパーフェクトオーダーになっているので、直近の高値になるAを上にブレイクしたら、上昇トレンドに回帰する可能性が高いことがわかります。そこで、実際にブレイクを確認したら、買いでエントリーします。

トレンドは必ず押し目をつける

トレンドフォローでエントリーをするときは、トレンドだけでなく、レンジの流れまで意識します。価格が上昇するといっても、一方向へ上げ続けることはなく、必ず押し目をつけていきます。押し目をつけるときは一時的に下げるときです。上昇トレンドに回帰するためにエネルギーをためるため、一時的に下げるのが相場の特性です。これを知らないと、下げはじめたときに、「やっぱり下かな……」「上昇しないじゃん……」などと気持ちが振りまわされることになります。トレンドが発生したら、そのあとに必ず小休止することを知っていれば、「今は小休止かな」「押し目をつけるために下げるのかな」という的確な判断ができるのです。図2-03を見てください。図2-02と同じチャートですが、①のときから上昇トレン

ドとしてとらえていると、②のレンジは大きなトレンドのなかの「押し目」と見ることができます。

図 2-03 トレンドの流れ

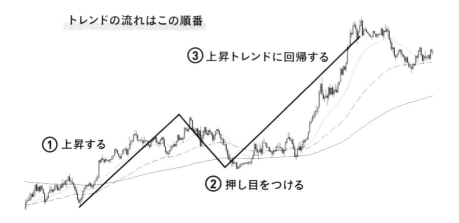

① 上昇する
② 押し目をつける
③ 上昇トレンド回帰する

　上昇トレンドはこの3つが基本になります。これを知っていれば、押し目をつけたとき、「次にパーフェクトオーダーが出て、直近の高値をブレイクしたら買いでエントリーしようかな」といった構想ができます。それがいつ起こるのかはわかりませんが、ブレイクするまで待てばいいだけです。実際に買いシグナルが発生する前に、**頭のなかではすでに戦略が立っているということです。戦略を立てるには、このような相場の仕組みをしっかり理解する必要があります。**これが、トレードの引き出しになります。

2つのラインが重なるポイントは期待値が高い

　これまでの2つの例は、どちらも上昇トレンドでブレイクしたときに、買いエントリーをするものでした。仮に様子見をしていて、エントリーをためらったとします。また、ブレイク時にチャートを見ていなかったら、エントリーはできません。このように、ブレイクを見逃してしまったら、このトレンドではもうトレードできないでしょうか？

　そんなことはありません。今の相場が上昇トレンドということを把握していれば、押し目をつけるたびにチャンスはやってきます。トレンドとは、ひとたび発生すると、上昇と小休止を何度も繰り返します。そのトレンドが続く限り、チャンスは何度もやってくるのです。最初のブレイクを逃したらからといって、次のトレンドまで待つ必要はありません。むしろ、ブレイクしたポイントから根こそぎ利益を上げるのは難しいといっていいでしょう。ブレイクしたときに乗れなくても、次の押し目でエントリーすればいいのです。図2-04は上昇トレンドの15分足です。

図 2-04　ブレイクポイントがサポートラインに変わる

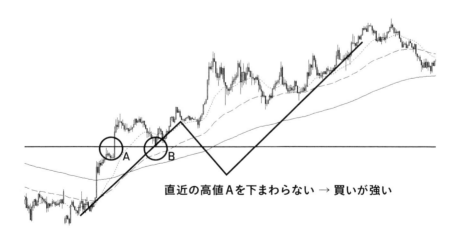

まず、Aで長い陽線が出ています。ここからパーフェクトオーダーになって、上昇トレンドが発生するかどうかという局面です。Aは経済指標などで急騰したのかもしれず、ここで買いエントリーをするのは難しいですね。Aを逃してしまい残念な気持ちになるかと思いますが、安心してください。エントリーチャンスは、ここだけではないということを説明します。

　その後Bまで下げましたが、Aの価格を下まわることなく反発しました。ここが最初のポイントです。パーフェクトオーダーのきっかけになったAの急騰が、いわばサポートラインになります。Aで売買が急増して上昇したので、Aの価格より下げてしまうと、買いポジションを持ったトレーダーは、含み益から含み損になってしまうことが読み取れます。つまり、Bで反発したのは、Aでつくられたサポートラインに買い支える圧力が働いたので、テクニカル的に意味があるポイントになります。そしてBではパーフェクトオーダーになっているため、Aの価格帯より下げさせない力が働いており、上昇トレンドが継続する可能性が考えられます。

　もし、AやBで買いエントリーができなくても、次の押し目を待てばいいのです。その後は図2-05のようなラインが引けます。

図 2-05 ブレイク後にできる押し目

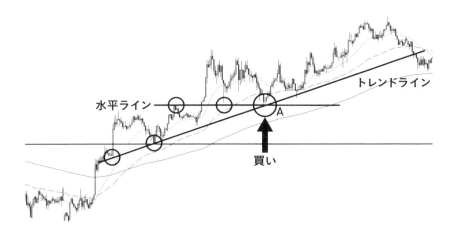

水平ラインとトレンドラインを引いていますが、この2つが交わっている「A」がポイントになります。2つの違ったラインが交わるポイントは、いわば交差点のようなものです。水平ラインとトレンドラインの2つの道がぶつかり、これから進む方向を確かめるための、大きな分かれ道だと考えてください。

　もし、ここで上に行くと決まれば、これまでの細道から大きな道路になったので、しばらくその方向へ進むことになります。逆に、ここで下へ行くと決まれば、これまで来た道とは違う方向へ進むことになります。それが、レンジ相場になるか、下降トレンドになるかはわかりません。1ついえることは、これまでの上昇トレンドの波は、いったん終了するということです。ここからレンジを経て、また上昇トレンドに回帰するかもしれませんが、レンジでもみ合う時間が必要になります。トレンド回帰に失敗したことになるので、戦略を立て直す必要が出てきます。

　このように、2つのネックラインが交わるポイントは、大きな節目になるため重要です。トレンドが強いときは、このような大きなサポート帯で反発してトレンド回帰することが多くあります。小休止していた相場が、2つの根拠が交差する大きなネックラインという壁にぶつかり、値が上に走りはじめるため、このようなポイントで買いを入れると期待値の高いトレードにつながります。

　売買シグナルの2つを思い出してください。「パーフェクトオーダーであること」「ネックラインが引けること」でした。Aはネックラインが2つもあるので、絶好の押し目買いのシグナルになっているということです。

トレンドは25EMAと75EMAに乗っていく

　上昇トレンドが発生すると、ローソク足は25EMAと75EMAにサポートされて上昇していくという習性があります。図2-06の移動平均線とローソク足を見てください。

図 2-06　25EMAと75EMAに沿って上昇する

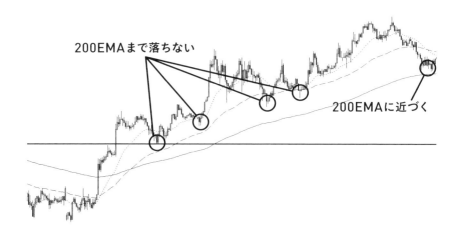

　上昇トレンドが発生し、パーフェクトオーダーになったあと、ローソク足は25EMAと75EMAに沿って上昇しています。勢いが強いうちは、25EMAに沿って上昇します。つまり、ローソク足が25EMAよりも上にある状態です。そして、勢いはいったん弱まるので75EMAまで落ちてきます。しかし、上昇トレンドに回帰するときは、勢いが弱まりすぎることはなく、少し経過するとすぐに買いが入ります。その限界のポイントが75EMAです。

　これが200EMAまで落ちてくると、勢いが弱くなってきた証拠で、レンジに移行する可能性が高まります。こうなると、すぐに上昇することは難しくなってきます。上昇するためには、まず75EMAを上抜け、そのあと25EMAを上抜け、そしてローソク足の直近高値をブレイクしなければならず、上昇のための壁がいくつも存在するからです。こうしたことから、200EMAまで落ちてくると、上昇トレンドはいったん終了と考えていいでしょう。

　移動平均線の傾きも見てください。200EMAまで下げてしまうと、25EMAと75EMAが下向きになるので、いきなり上昇トレンドに回帰す

るとは考えにくくなります。こうなると、ローソク足が3本の移動平均線に挟まれ、行き場を失ったかのように迷って上下動するようになります。そして、200EMAを下抜けると、いよいよレンジに突入ということになります。

　ただし、レンジになったからといって、下降トレンドになるわけではありません。200EMAを下抜けたら、それまでの上昇トレンドはいったん否定されますが、レンジのあとで再度上にブレイクすれば、上昇トレンド回帰ということになります。図2-07を見てください。

図 2-07 押し目が深いとその後の上昇も大きくなる

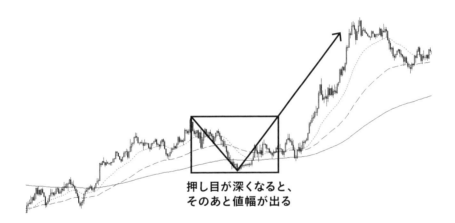

押し目が深くなると、
そのあと値幅が出る

　四角で囲んだポイントでは、ローソク足が200EMAを下まわり、レンジになりました。そのあと上昇トレンドが発生しましたが、200EMAまで下げると押し目が深くなります。**押し目が深いと、そのあとの上昇は値幅を出してくるという相場の習性があります。**深押しした分、上昇の値幅も出るということです。助走が長いと飛距離が伸びるように、下げ幅が出ると、上げ幅も大きくなります。

　このように、ローソク足が3本の移動平均線のどこにあるのかを意識

すると、そのあとの予測がしやすくなります。15分足の場合、チャートを見ていてもせわしなく動くことはないので、焦らずに監視できるはずです。

トレンドはN波動を描く

　トレンド発生時の上昇→押し目→上昇を線で描くと、「N」の字になります。「トレンドは必ずNの字で動く」と覚えておくといいでしょう。図2-08を見てください。

図 2-08　相場はN波動が連続する

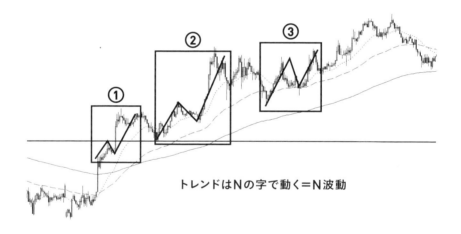

トレンドはNの字で動く＝N波動

　①②③はすべてNの字を描いています。これを「N波動」といいます。では、なぜN波動になるのでしょうか。それは、あなたが売買する手順と同じことを、全世界のトレーダーも行なっているからです。具体的に、次のようになります。
　まず、買いが急増し、上昇トレンドが発生します。次に買いが買いを呼び、どんどん上げていきます。ある程度上昇すると、買いポジションを

持っていたトレーダーは含み益になります。すると今度は、利益を確保しようとするトレーダーが、買いポジションを決済します。買いポジションを決済する、つまり「売り」に転換します。買いよりも売りのほうが多いと、価格は下がりはじめます。また、買いポジションを決済するポイントでは、上がりすぎたから下がるだろうと予測し、新規に売りポジションを持つトレーダーも出てきます。つまり、「決済の売り」と「新規の売り」があります。これが増えるポイントで、下げはじめることになります。

　しかし、少し下げると買いポジションを決済したトレーダーが、「また上がるだろう」と予測して買いはじめます。また、最初の上昇に乗れなかったトレーダーは、「次の上昇トレンドでは絶対に乗りたい」と考えるので、新規のトレーダーも買いはじめます。これが、押し目となります。そして、トレンドが強ければ強いほど早い段階で買いが入るので、ちょっとした下げでも買われます。そのため、押し目が浅くなるのです。

　このように押し目をつけるプロセスが、N波動を形成します。トレンドは高値と安値を切り上げながら、一見ランダムに動いているように見えます。しかし、相場はすべてこのN波動で説明ができるほど明確にあらわれます。

1つのトレンドは上昇5波と下降3波で構成される

　トレンドは、ひとたび発生すると、それが否定されるまで続きます。上昇トレンドなら一時的に下がるものの、それが押し目になって何度もN波動をつくり、一連のトレンドになります。この流れを「エリオット波動」といい、「5つの上昇波と3つの下降波で1つのトレンドが完結する」という考え方になります。図2-09を見てください。

図 2-09 エリオット波動

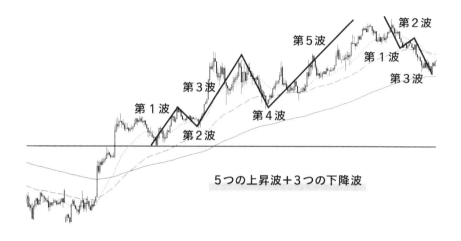

　5つの上昇波と3つの下降波があります。ただ上昇しているだけでなく、下降波を確認することで、上昇が否定されてトレンドが終了したといえます。この下降がなければ、上昇トレンドは継続しているものと考えます。

　エリオット波動は、それ自体でエントリーポイントがわかることはありません。しかし、相場の仕組みとして知っておくべき理論です。**トレンドが発生したときに、今が第2波なのか、第5波なのかを考えることで、戦略が立てやすくなります。**相場の仕組みを知っておくと、このあとどんなローソク足を形成するかをイメージすることができ、適切な利益確定につながります。逆に、このような仕組みを知らないと、未来のチャートをイメージできないのではないでしょうか。ルールづくりは相場が動く仕組みを知ることからはじまるものです。

I、V、N、Sの4つの波動

　エリオット波動を構成しているのは4つの波動です。N波動はすでにお伝えしましたが、その他に3つあります。図2-10を見てください。

図 2-10 Ⅰ波動とⅤ波動

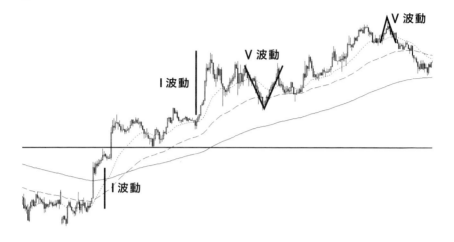

　Ⅰ波動は、急騰や急落している一方向のローソク足のことです。Ⅴ波動は、Ⅰ波動が出たあとに反転し、同じようなⅠ波動が出てＶ字になった形です。たとえば、急落したにもかかわらず、勢いよく全戻しした相場を「Ｖ字回復」といいますが、そのＶ字のことです。急騰後にすぐ急落すると「逆Ｖ字」や「行って来い」などといいます。Ⅰ波動やＶ波動は、Ｎ波動の構成要素です。ⅠやⅤが続くとＮになります。Ｎが続くと、一連のトレンドが完成し、エリオット波動になるわけです。次にＳ波動ですが、これが一番重要になります。

デイトレードではＳ波動が極めて重要

　Ⅰ、Ⅴ、Ｎは、相場の流れをつかむために必要ですが、エントリーポイントを示唆するわけではありません。しかし、Ｓ波動はエントリーポイントになるため極めて重要です。図2-11を見てください。

図 2-11 S波動の発生を見極める

　上昇してきた価格がAで反落しています。Aが高値になったので、次にAの価格帯にくると、レジスタンスラインになります。その後、レジスタンスラインの前で急騰し、一気にAの価格帯を上抜けました。レジスタンスラインを上抜けた価格帯が、今度はサポートラインになります。図2-11ではBのポイントです。1本のネックラインでも、レジスタンスラインからサポートラインに役割が変わるということです。このBのような、**役割が変わったあとにネックラインにぶつかって反発する値動きをS波動といいます**。S波動は、レジスタンスとサポートの役割が転換することから「ロールリバーサル」ともいいます。ロールは役割、リバーサルは転換です。

　Bでは反発して絶好の押し目になっています。サポートラインになっているので、買い圧力がかかったということです。この圧力は、Aのレジスタンス帯の上ブレイクが大きければ大きいほど、そのあとに出現するBのようなサポート帯の買い圧力も強くなります。なぜなら、レジスタンスラインをブレイクしたとき、急騰して値幅が出たということは、大量の買いが入っているということだからです。

　Aをブレイクした直後は、多くのトレーダーが買いポジションを持っ

ています。しばらく含み益で推移しますが、Bまで落ちてくると含み益がなくなります。Bを下抜けると今度は含み損になるため、なんとしても下へ行くことは阻止したいポイントです。そのため、ここで新たに買い注文が入るというわけです。トレンドが出はじめる、つまり、上昇トレンドに回帰する絶好のポイントです。ここを踏ん張れば、上昇の次の波がつくれるということです。逆に、Bを下抜けると、今度はレジスタンスラインになります。かなり強い力が働かないと、すぐに上昇トレンド回帰するのは難しくなるでしょう。

あらためて図2-05を見てください。実は、買いシグナルのポイントはS波動になっています。水平ラインとトレンドラインが交差するポイントは、S波動のポイントでもありました。移動平均線とラインを組み合わせ、さらにS波動が重なっているポイントです。これは期待値が高いポイントです。

ネックラインを引けるようになると勝てる

図2-11に戻ります。A、Bを結んだラインは、レジスタンスラインにもサポートラインにもなります。水平ラインであることは確かですが、どちらにも解釈できます。このようなラインがネックラインです。ネックになる（重要になる）、ラインということです。ネックラインが水平なら、重要な価格帯は未来も同じ価格帯ですが、**斜めに引くネックラインは、時間の経過とともにネックになる価格帯が移動していくので、注意してください。**

ネックラインに正確な定義はありませんが、「値が走る/止まる可能性がありそうなライン」という理解でいいでしょう。「このラインで反発や反落を繰り返している」「未来はこのラインで価格が反応しそう」という引き方でかまいません。それが、斜めに引いたトレンドラインかもしれませんし、真横に引いた水平ラインかもしれません。最初はうまくネックラインを引くのが難しく感じるかもしれません。なぜなら、ローソク足を突っ切って引くラインだからです。上昇トレンドラインは、安値同士を結

ぶだけでした。レジスタンスラインも、高値同士を横に引くだけです。チャートで目立った箇所に引くことになるので、誰でも引けるはずです。しかし、**ネックラインはレジスタンスにもサポートにもなって、ローソク足の実体を突き抜けたりするので、チャートをパッと見て引けるようなものではありません。**ただし、何度も引いていると必ず引けるようになるので、ひたすら練習を繰り返してください。逆に、ネックラインが引けるようになると、未来に価格が走る/止まるポイントが予測できることになります。これは、大きな引き出しの1つになるでしょう。あくまでも感覚的なことですが、**私はネックラインを自然に引けるようになってから、デイトレードで安定して勝てるようになりました。**

相場は直角ではなく斜めに進む

　N波動を見つけるコツは、ローソク足を1本ずつ見るのではなく、チャート全体を見ることです。まずは大きな流れをとらえるようにしてください。そのためには、トレンドを把握する必要があります。

　すでに説明した3本の移動平均線でトレンドを見つけたら、斜めのトレンドラインを引いてみてください。なぜ斜めかというと、ローソク足は斜めに進むからです。上昇トレンドなら高値を切り上げ、安値を切り上げていきますが、価格が直角に進むことはなく、斜めに進みます。経済指標などで急騰や急落があると、値が飛んで直角の動きになることもありますが、このようなときは、スキャルピングはできてもデイトレードはできません。相場が落ち着くまで、戦略を立てるのは難しいです。**急騰や急落があり、そのあと斜めに進みはじめたとき、ポジションを取るのがデイトレードです。**

　そして、相場を斜めに見ていると、トレンドラインを楽に引けるようになります。図2-12を見てください。

図 2-12 200EMAに沿って斜めにラインを引く

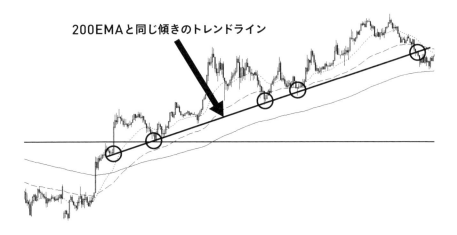

　トレンドラインは、移動平均線と同じ右肩上がりのラインになります。相場の流れは右肩上がり、つまりトレンドラインも右肩上がりになるということです。3本の移動平均線は、短期（25）、中期（75）、長期（200）を示しますが、このなかでも私は200EMAの傾きを重要視しています。25EMAは値動きに敏感になりすぎて上を向いたり下を向いたりするため、これに沿ったラインは引きにくいです。75EMAは25EMAほど変動しませんが、やはり上下動があります。しかし200EMAの場合、目先の細かい上下動で傾きが変わることがありません。200EMAで大きな流れを把握できることは述べましたが、トレンドラインも200EMAに沿って引くといいでしょう。図2-12では200EMAがトレンドラインに沿って上昇しています。**200EMAに重ねて引き、それを移動させるイメージです。**

　このように、大局をつかむには200EMAと同じ傾きのトレンドラインを引くといいでしょう。これが引ければ、安値の切り上げ方がすぐにわかります。トレンドラインは、相場の流れに沿った方向へ引くということを意識してください。なお、相場の流れに反したトレンドラインを、「カウン

タートレンドライン」といいますが、詳しくは後述します。

勝負はエントリー前に9割決まっている

　トレンドラインが斜めになるのは、相場が斜めに進むからです。斜めに進むとNの字になり、これがN波動になります。こういった相場の基礎を知っておくと、ポジションを取るときにその先が予測しやすくなります。そして、後述する利益確定ポイントのイメージもできるようになります。

　トレードの手順は、次の3つでした。

１．戦略を立てる
２．エントリーする
３．決済する（利益確定もしくは損切り）

　N波動をイメージできれば、エントリーも自信を持ってできます。自信がないから、ポジションを持ってからルールを破ったり、利が乗ったらすぐに決済したりしてしまうのです。決めていたポイントで損切りができないのも、そもそもエントリーするときに自信を持ってトレードしていないからではないでしょうか。戦略があいまいなままエントリーするから、イグジットもあいまいになるのです。

　トレードは、戦略を立てる段階、エントリーする前に結果は9割がた決まっているようなものです。**エントリーから決済するまでが重要だと考えがちですが、実は、エントリーする前の戦略のほうが重要です。**

　戦略なくして、勝ちトレードを続けることはできません。事前準備をしっかり行なっていれば、淡々とトレードを繰り返すことができます。たとえ負けトレードだとしても、事前準備をしていると、迷いなく、気持ちよく損切りができるものです。当たり前の知識でも、それらを積み重ねることで、トレードの引き出しが増えていきます。

Strongest FX 15 minute day trade

イグジットは
値が止まるポイントで行なう

08

エントリー前に、必ず利益確定と損切りのポイントを決めておく

　イグジットは一連のトレードでゴールになる部分です。仮に最適なエントリーができても、イグジットが無計画だと、そのトレードを利益で終わらせることができません。せっかく含み益になったのに、含み損に転じて損切りとなると、メンタル的に辛いものがあります。

　トレードは、「入るのは簡単だけど出るのが難しい」といわれます。確かに、エントリーはいつ、どこで、どんな通貨ペアでもできますし、トレードルールがなくてもエントリーはできます。しかし、出口戦略をきちんと考えていないと、エントリーしてから混乱することになってしまいます。

　イグジットといっても１つではなく、次の２つを考える必要があります。

・利益確定
・損切り

　エントリーする前に、必ず利益確定と損切りのポイントを決めておくということです。つまり、エントリー、利益確定、損切りの３つは、いつもセットで考えるようにします。どれか１つが抜けてしまうと準備不足に

なり、途中で迷うことになります。

　では、まずは利益確定から見ていきます。利益確定をするポイントは、ずばり「値幅を達成したとき」です。値幅を達成する見方は、次の４つがあります。

① 直近のもみ幅の２倍
② 値幅観測
③ ネックライン到達
④ アウトライン到達

　よく言われるように、「利益確定は30pips、損切りは−10pips」など、数字でガッチリ決めるといったイメージがあるかもしれません。しかしこれだと自分の都合になって、相場の値動きを考慮していないことになります。何をもってして30pipsがいいのか、根拠があいまいだからです。今は30pipsがベストかもしれませんが、違う相場では30pipsが適切ではないこともあるでしょう。勝ち続けるには、相場に合わせ、利幅と損切り幅を決めるのです。

　それでは、値幅達成のポイントである４つを順番に見ていきます。

① 直近のもみ幅の２倍

　もみ幅とは、レンジ相場になり、もみ合っているポイントのことです。図2-13を見てください。

図 2-13 「もみ幅」の考え方

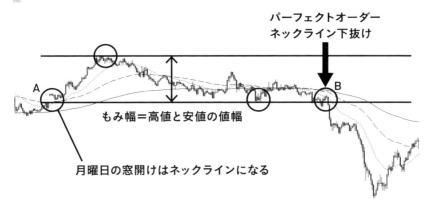

　２本の水平ラインの間でレンジになっています。Aは月曜日の窓開け（ギャップアップ）です。窓を開けて空間ができると、その空間がレジスタンスやサポートなどのネックラインになります。今回のAはサポート帯です。Aのあと高値をつけていますが、結局レンジになり、もみ合っています。移動平均線を見ると、わかりやすくなります。３本とも収束し、ローソク足と移動平均線がからみ合っていますね。一定の高値と安値の間で、上下動している箇所が「もみ合い」として判断できます。そしてBではパーフェクトオーダーになり、Aのサポートラインを下抜けました。レンジブレイクの売りシグナルです。

　レンジでもみ幅ができたあと、ブレイクしてトレンドが発生しました。このようにもみ幅が明確なとき、相場はこのレンジ幅の２倍は動きます。図2-14を見てください。

図 2-14 レンジ幅の2倍動く

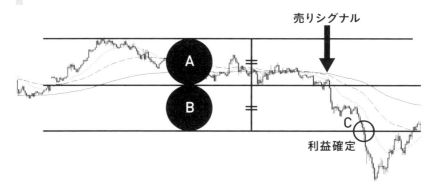

　Aがレンジ幅で、この2倍の値幅がBなので、A＝Bです。直近のもみ幅の2倍が利益確定ポイントなので、Cがゴールです。このように、トレンドが発生するとレンジ幅の2倍は出ますが、2倍を達成したからといって、トレンドが終了するわけではないので注意してください。あくまでも、デイトレードで確実に利益を確保するという考えに基づいています。もし2倍を達成しなければ、そのトレンドはブレイクに失敗したと考えていいでしょう。トレンドが発生したら、目標に到達する一番近い利益確定のポイントになります。スタートしたら、1つ目の休憩所のようなもので、それが利益確定に最適だというわけです。

　トレンドが強いと、2倍の値幅を達成してからもトレンドが継続し、3倍を達成することもあります。図2-15を見てください。

図 2-15 レンジ幅の3倍を達成

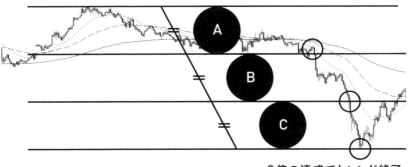

3倍の達成でトレンド終了

　A＝B＝Cになります。3倍を達成すると、そのトレンドは終了しやすくなります。

　では、3倍の値幅を達成するまで、利益は伸ばしたほうがいいでしょうか？　私は、3倍まで待たず、2倍の値幅で利益確定をしています。なぜかというと、いつも3倍まで伸ばそうとすると、途中で反転して利益確定し損ねたり、ポジションのホールド時間が長くなったりしてしまうからです。ホールド時間が長くなると、市場をまたぐことが多くなり、損益変動の幅も大きくなります。仮に、ヨーロッパタイムでエントリーし、ニューヨークタイムで2倍の値幅を達成しても利益を確定しないという場合、翌日まで持ち越すことになります。そうなると、また違った変動要因が発生することがあり、せっかく達成した利益幅を縮小する形にもなりかねません。最初は極力短い時間（数時間）のホールドで、確実に利益を刈り取るトレードがいいでしょう。2倍の値幅を達成したらとりあえず利益を確定し、さらに値幅を出しそうなら再エントリーすればいいのです。まずは利益確定して勝ちトレードを積み重ねる、という考えをおすすめします。

値幅の計算は「チャネルライン」で行なう

もみ幅の2倍を計算するには、「チャネルライン」を使うと便利です。目視で何となく2倍を推測するようなことはせず、正確にはかることができます。図2-16を見てください。

図 2-16　チャネルラインの引き方①

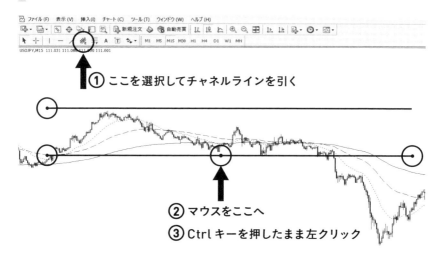

ここからチャネルラインの引き方を解説します。チャートソフトを立ち上げたら、次の手順で行ないます。

①チャート上部にあるチャネルラインをクリックし、ラインを引きます。引く場所は、チャート上のどこでも構いません。2本の並行したラインが出るので、レンジになっている箇所へ移動します。移動の仕方は、ラインの真ん中にある黒丸（矢印の箇所）を左クリックしたままドラッグすると動かせます。
②このチャネルラインを複製します。マウスを、チャネルラインの真ん中に移動します（チャート上の矢印の箇所です）。

③マウスを矢印の箇所に置き、「Ctrl キー」を押したまま左クリックしてください。これで、チャネルラインが複製できます。複製に成功しても、新しいチャネルラインがチャート上に出現するわけではありません。一見複製できたかどうかわからないのですが、元々あったチャネルラインと重なっています。左クリックしたままドラッグすると、新しいチャネルラインが出現します。図 2-17 を見てください。

図 2-17 チャネルラインの引き方②

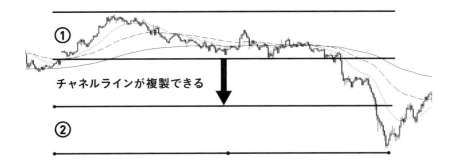

複製したあと、重なっているチャネルラインを移動すると、複製できたことが確認できます。これで、もみ幅の２倍の計算が正確にできるようになります。

MT4が便利な点は、チャネルラインが複製できることです。そうすると、同じレンジ幅のチャネルラインが何個もつくれます。

以上が１つ目のイグジットポイントの見つけ方です。

② ４つの値幅観測方法

　２つ目のイグジット方法は「値幅観測」です。値幅観測は値幅計算ともいい、昔からあるテクニカル分析です。最初にチャネルラインを引き、そのチャネルラインを移動させて値幅観測をしていくため、１つ目のレンジ幅と考え方は似ています。観測方法が少し違うだけです。値幅観測には４つの方法があります。

１．Ｖ計算
２．ＮＴ計算
３．Ｎ計算
４．Ｅ計算

　これら４つに共通していることがあります。それが、次の２つです。

１．Ｎ波動が基準となっている
２．２倍の値幅

　図2-18を見てください。これは上昇トレンドの場合ですが、すべてN波動になっていることに注目してください。ただ、これだけ見てもよくわからないと思いますので、具体例をこれから説明します。

図 2-18　V計算、NT計算、N計算、E計算

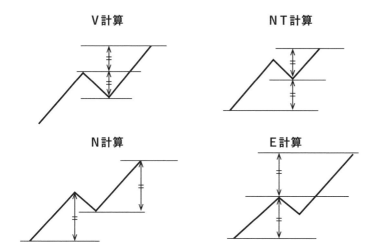

　上昇トレンドのN波動は「上昇→下降→上昇」の３段階でした。この波のなかで、「どこの値幅の２倍を取るか」という違いです。あくまでも、基準はN波動です。トレンドの起点があれば、必ずゴールがあります。その起点がわかれば、どこで値が止まりやすいか、答えが出てきます。それがイグジットポイントとして最適ということです。実際は斜めに進むのでpipsという値幅で算出します。値幅を達成したときのN字の第１波と第２波の長さは、かかる時間により変わります。以下、値幅の説明はこのように読んでください。

　実際のチャートで４つの値幅計算をしているのが、図2-19〜図2-22です。

図 2-19 V 計算

図 2-20 NT 計算

図 2-21 N 計算

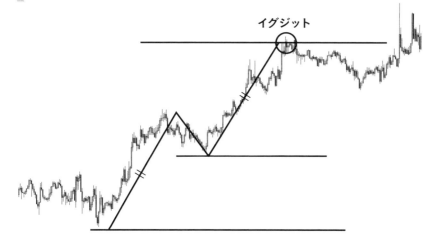

図 2-22 E 計算

覚えるコツは、先に到達する順番を知っておくことです。それが、値幅の短い順になります。トレンドが発生すると、まずV計算ができます。次に、NT計算、N計算、E計算という順番で進みます。V計算とNT計算は、同じくらいになることもあるので、次のようにイメージしてください。

① V計算もしくはNT計算 → ② N計算 → ③ E計算

　利益確定をするのは、どの計算方法でも構いません。そのときの相場で判断するようにします。V計算（またはNT計算）を達成し、さらにトレンドが進んだらN計算をし、最後に一番値幅を出すE計算をするイメージです。

　ただ、トレンドが強いと、ほとんどの場合は最終的にE計算を達成します。E計算を達成すると、N波動が完成し、次の相場へと移行していきます。次の相場とは、押し目をつけてさらにトレンドを出すのか、それともエリオット波動でいう、下降トレンドの3波を出してレンジになるか、ということです。V計算やNT計算を出すと、その値幅の安値付近がネックラインになって押し目になることが多くあります。V計算をするために引いたチャネルラインが、実はS波動として機能してエントリーポイントを発見、といったこともよくあります。

　ここで注意するべきことは、いつも特定の計算方法に絞らないことです。たとえばV計算ばかり見ていると、いつも小さな利幅しか取れません。逆にE計算ばかりを頼りにしていると、そこまで到達する前に相場が反転し、含み益から含み損になる可能性が高くなります。相場に応じて、4つの値幅計算を使い分けるようにしましょう。

③ 上位足のネックラインに到達

　3つ目のイグジットポイントは、「上位足のネックラインに到達」したときです。ネックラインは、サポートラインやレジスタンスライン、トレ

ンドラインなど、節目になる価格帯です。トレンドが発生すると、何かの壁に当たるまでぐんぐん進みます。このネックラインが「壁」になるのです。壁に到達すると、売買が急増し、ボラティリティが高くなるなどの現象が発生します。ブレイクか反転か、迷うことになるので、イグジットして利益を確保しておきます。

　ネックラインを探すときは、必ず上位足を見るようにしましょう。Chapter3で詳しく説明しますが、エントリーするときは、エントリー前に週足、日足、4時間足、1時間足、30分足の上位足をチェックし、15分足でエントリーをしていきます。これはイグジットするときも同様で、まず上位足をチェックします。15分足よりも短い5分足や1分足のネックラインより、多くのトレーダーが見ている上位足のほうが意識されるからです。図2-23は4時間足です。

図2-23 上位足を確認する

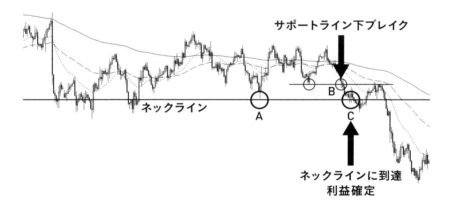

　Aがサポート帯になり、大きなサポートライン（ネックライン）が引けます。Bでは小さなサポートラインを下にブレイクし、トレンドが発生しました。Aのサポートラインまで下落しています。Aのサポートラインはチャートの左側からずっともみ合っている価格帯なので、かなり強いサポート帯になりそうだと予測できます。ここを下抜けるには、強い売

り圧力が必要になります。そのためBを下抜けて発生した下降トレンドは、Cで反発する可能性が高いと判断できます。イグジットは値が止まるポイントで行なうので、反発しそうなCで利益確定をしていくのです。

では、実際のトレードで使う15分足で見てみます。図2-24は、図2-23の4時間足のBからCに至る相場です。

図 2-24 上位足から15分足へ視点を変える

まず、4時間足のBのポイントにくるまでに、パーフェクトオーダーになっている下降トレンドです。そしてBのポイントは、4時間足では小さなサポートラインでした。ここでもみ合ったあと、下降トレンドに回帰しています。小さなサポートラインとはいえ、売買が拮抗するのでもみ合うのです。それから下降トレンドに回帰し、Cまで進んでいます。Cは4時間足レベルで見ると強いサポートラインでした。そのため、Cに到達して大きくもみ合っています。ネックラインにぶつかり、値幅達成をしたので、このあとどちらに進むか迷っている状態です。このCが、値が止まるポイントになります。値幅達成しているので、イグジットに最適ということです。今回は、イグジットポイントを強調するため、BからCにかけて

説明しています。

実は、図2-24のB、C間より前にパーフェクトオーダーが出ており、エントリーチャンスは図2-24のB、C間より前にありました。それが、図2-25のA、B間になります。図2-25は図2-24と同じ15分足です。

図 2-25　サポートラインがレジスタンスラインにロールリバーサル

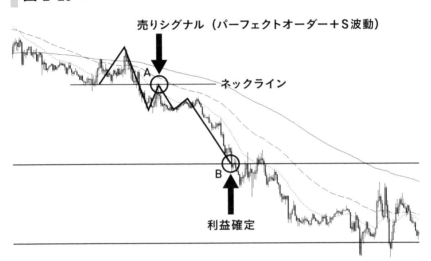

Aを見ると、ネックラインを下抜けたとき、サポートラインがレジスタンスラインにロールリバーサルしています。このとき、パーフェクトオーダーになっているので、売りシグナルの点灯です。25EMAもネックラインを下抜けてレジスタンスになっていますね。「ここから下降トレンドが発生する」という典型的なポイントです。このような下げる兆候が出はじめたところで、トレンドフォローをすると期待値が高くなります。

イグジットは、値が止まるポイントで行ないます。今回は、4時間足レベルで小さなサポートラインになっているBに到達したところで値幅達成です。15分足だけ見ているとわかりませんが、4時間足をチェックすることで、Bが目先の値幅達成ポイントだということが事前にわかるのです。AからBまで(エントリーからイグジットまで)、利幅は60pips、ポ

ジション保有時間は5時間です。

　ちなみにBで利益確定せず、もっと伸ばすこともできます。それは、4時間足レベルで見ると、Bよりも下に大きなサポートラインがあることがわかるからです。相場はトレンドが強いと、より強いサポート帯まで進みます。節目が小さいと、それを突き抜けてさらに進みますが、ゴールである大きな壁に当たるまで進むことが多々あります。また値幅観測でも、2倍ではなく3倍が計算できるポイントになります。図2-26を見てください。

図 2-26　3倍の値幅観測

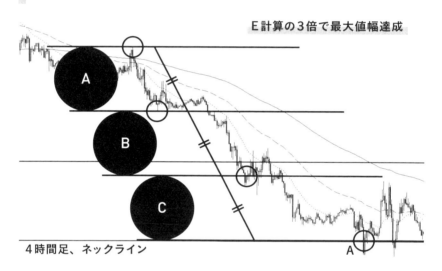

　Aの黒丸が第1波の値幅です。E計算するとBで2倍、Cで3倍です。A＝B＝Cになります。トレンドが強いとE計算の2倍は確実に出してくるのは上述した通りです。そして**3倍まで値幅を出すと、一連のトレンドの達成感が出ます。エリオット波動でいうと、トレンドの3段の波が完成**ということにもなります。このチャートではE計算の3倍がエリオット波動の達成にもなり、これが最大だと考えていいでしょう。そのポイント（ゴール）が右下のAになります。ここは4時間足レベルで、大きなサポー

トラインでした。つまり、15分足レベルのトレンド１波・Ｅ計算の３倍の値幅達成ポイントと、４時間足レベルの強いサポートラインがぴったり同じポイントというわけです。**値が止まる根拠がそろっているので、いったんトレンドは止まると考えるべき箇所になります。**これが、ネックラインのイグジットポイントになります。

④ アウトラインに到達

４つ目のイグジットポイントは、「アウトライン」です。アウトラインとは、トレンドの外側（アウト）に引くラインのことをいいます。上昇トレンドの場合で説明すると、トレンドラインを引くとき、安値同士を結びます。起点が安値なので、ラインはローソク足の下側です。アウトラインは高値同士を結ぶもので、ローソク足の上側をつなげていくイメージです。図2-27を見てください。

図 2-27 上昇トレンドでのアウトライン

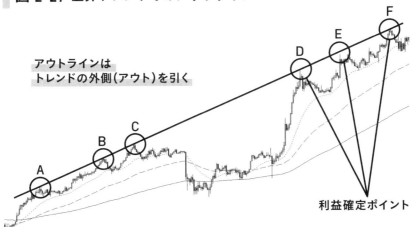

高値を切り上げ、反落して押し目をつくってからトレンド回帰し、そして高値更新という流れになっています。ランダムに乱高下しているよう

に見えて、実は規則的に上げ下げを繰り返すのが相場ということは前述しましたが、高値を切り上げるときにも規則性があることが多々あります。それを視覚化してくれるのがアウトラインです。

　A、B、Cと規則的に高値をつけてきたので、ローソク足の山を結んでアウトラインが引けます。そこからアウトラインを伸ばしていくとD、E、Fに当たりますが、ここがイグジットのポイントになります。どこでエントリーするかは別として、A、B、Cのように規則性を発見してアウトラインが引けたら、その後のトレンドの目安になるわけです。仮にトレンドラインが引けなかったとしても、アウトラインが引ける場合があるので、トレンドラインだけでなくアウトラインも意識するようにしてください。

「エントリーはトレンドラインを使い、イグジットはアウトラインを使う」

　私はこのように考えています。トレンドラインだけ引こうとすると、ローソク足の安値しか見ず、高値側は意識しない人が多くいます。そうではなく、トレンドが発生したら、ローソク足の高値側と安値側の両方を見るようにするのです。こうすることで、エントリーからイグジットまで一貫性のある戦略を立てることができます。

　また、トレンドラインとアウトラインを平行に引くと、「チャネルライン」になります。下降トレンドの場合、安値を切り下げる波と、高値を切り下げる波が同じ状態です。このようなときは高値と安値の動きに規則性があるため、テクニカル分析が高確率で機能します。トレンドフォローで利益を上げるには最適な相場というわけです。図2-28を見てください。

図 2-28 トレンドラインとアウトラインでチャネルラインができる

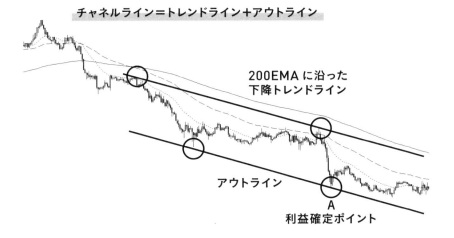

　ただラインを引くだけでなく、200EMAに沿ったチャネルラインが完成していることがわかると思います。25EMAと75EMAも、チャネルラインとほとんど同じ角度です。このように、チャネルは相場の波と同じ角度で推移するので、テクニカル分析が機能しやすくなります。このチャートでは、チャネル下限のAで止まりやすくなるので、ここが利益確定に最適なポイントになります。

　この相場で、エントリーからイグジットまでシナリオを立ててみます。図2-29を見てください。

図 2-29 チャネルラインを使用したエントリーから イグジットまでのシナリオ

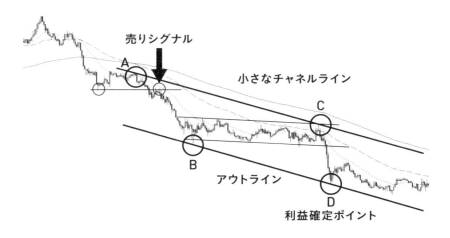

　チャネルラインの起点である、Aからパーフェクトオーダーになっています。これは、絶対に見落としてはいけないポイントです。実践では、右側の未来のチャートはありません。Aのときに「もしかしたらここからトレンドが出るのでは？」と疑うようにしてください。この前提があることで、Aの次に発生する売りシグナルのポイントで、「サポートラインを下抜けてから、ロールリバーサルとなり、レジスタンスラインにぶつかったのだな」という認識ができます。ロールリバーサルのポイント＝売りシグナルということです。この時点でパーフェクトオーダーになっており、ローソク足が25EMAより下になっており、「トレンド発生するならここ」というポイントです。

　BC間では、高値と安値をじりじりと下げつつもみ合っていますが、ここで小さな下降チャネルラインが引けます。下降トレンドの最中に、高値と安値を切り下げるもみ合いがあるということは、このあとさらに下げる可能性が高いということです。注目してほしいのはCです。ここは25EMA、75EMAと小さなチャネルラインが重なったポイントです。トレンドに乗るのは25EMAと75EMAでしたね。2つの根拠があるレジス

タンス帯なので、もし下降トレンドを否定するなら、ここで上抜けないといけないポイントです。上昇するための、最後のポイントといえます。ここで上昇できないと、下げの波に飲み込まれて、下降トレンドに回帰すると想定できます。そして、実際に下降トレンドに回帰していきました。あとはDでチャネルライン下限に当たって値幅達成なので、ここで利益確定をすることができます。

　なお、売りシグナルからDまで、ポジションをホールドする必要はありません。最初のシグナルで売りのエントリーをしたら、値幅計算をしてBの手前で利益確定してもいいでしょう。そして、もみ幅である小さなチャネルラインができたら、Cの手前でエントリーしても構いませんし、チャネルラインを下抜けた段階でエントリーしてもいいでしょう。ここでは、どこでエントリーするにしてもロングという目線はありません。トレンドフォローのショート戦略なので、極端にいうと、根拠があればどこでエントリーしても構わないと考えています。適当にエントリーするのではなく、何かしらの根拠があれば、というのが前提です。

値幅達成で必ず止まるわけではない

　値幅を達成することと、トレンドが反転することは違います。たしかに、値幅を達成するポイントは、価格が止まり反転しやすくなります。ただ、一時的に価格が止まったとしても、その後さらに強い力が加われば、第2波や第3波となってトレンド回帰していきます。図2-30を見てください。

図 2-30 アウトラインで止まるわけではない

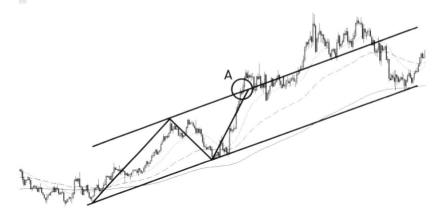

　パーフェクトオーダーが出て、上昇トレンドが発生しました。Aはチャネルラインの上限で、アウトラインに到達しているので、利益確定のポイントです。しかし、このチャートでは結果的にAを上抜けて高値を更新しています。ただし、Aで利益確定したことは間違いではありません。とりあえず目先の達成をしたので利益確定をし、次のエントリーのタイミングをはかるなどすればいいでしょう。一番やってはいけないのは、Aで達成したからといって、ドテンのショートをすることです。これは見方が間違っており、逆張りになってしまいます。エリオット波動でいうと、上昇→下降→上昇ときているので、Aのあと、さらにトレンドが出て上昇5波・下降3波をつくるかもしれません。

　チャネルラインを引いたとき、アウトラインで必ず止まるのではなく、トレンドが強いとチャネルラインの2倍の値幅を出すことも想定しておいてください。これは、値幅観測と同じです。図2-31を見てください。最初にチャネルラインが引けても、そのチャネル幅を突き抜けると、2倍の値幅を出してきます。そうすると、大きなN波動が出たり、E計算の2倍や3倍を達成したりするなど、利益確定の根拠が2つ以上そろう可能性が高くなります。今回はチャネルラインの値幅の2倍とN計算がぴった

り合っているので、Aが利益確定に最適です。

図 2-31　N計算＋チャネルの値幅2倍→利益確定に最適

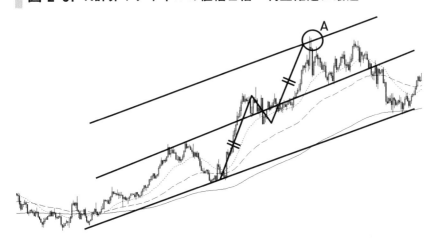

　なお、最初のチャネルライン上限で利益確定をしても、それは間違いではないということは先述した通りです。さらに上昇しそうなら、あらためて根拠を見つけて、再エントリーをすればいいのです。図2-32を見てください。

図 2-32 利益確定ポイントは節目になる

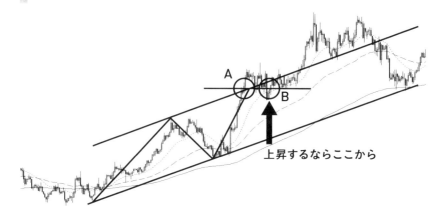

　利益確定のポイントは、往々にしてそのあとの節目になります。このチャートではBに来たときに反発するのか、そのまま落ちるのかをよく見極めることができるでしょう。もし上昇するなら、Bで反発しないと上値の更新ができません。Bより下になると、チャネルラインのなかに戻ってくることなります。そうすると、75EMAやネックラインにぶつかるまで下げるなどするため、今度は上げにくくなります。

　利益確定のポイントをずっと意識しておくことで、次のトレードの準備ができます。Aですでに勝ちトレードを獲得しているので、Bで買いエントリーして損切りになったとしても、まだ利益のほうが上まわっているはずなので、メンタル的にも安定してきます。

　ここまで4つのイグジットポイントを見てきました。エントリーポイントは、「2つの根拠が重なるとき」と「強いシグナル」でしたが、イグジットも同じです。他のイグジットシグナルと組み合わせて、総合的に判断することです。たとえば、値幅達成とネックラインがぶつかる価格が同じなら、止まる確率が上がります。相場が止まるポイントになりやすいということです。逆に、ここをブレイクすると、さらに値幅を出していきます。そのときは、次の値幅達成を見つけます。トレンドに乗ったら、次の休憩所

で降りる。これを繰り返すのが、トレンドフォローなのです。

損切りルール

　損切りのルールはたった1つです。それは「**ネックラインを抜けたら（15分足が確立したら）損切りする**」です。

　ネックラインとは、サポートラインやレジスタンスライン、トレンドラインで節目になる箇所のことです。エントリーするとき、「下げるならここから」「上げるならここから」という説明をしました。損切りは、このようなポイントを逆行したときに行ないます。ここから下げると思ったのに下げなかったとき、確実に損切りを実行します。数字で−20pipsや−30pipsなどと決めるわけではありません。あくまでも、反発・反落すると思っていたネックラインで思惑通りに進まなかったときに行なうのです。

　損切りのタイミングは、ネックラインを抜けて、15分足が確定したときです。ラインの引き方によっては、ネックラインを抜ける場合もあれば、まだ抜けていない場合もあります。このあたりは、人によってラインの引き方が異なるため、裁量の判断になります。ローソク足のヒゲと実体のどちらに引くかにより、ネックラインの見え方が異なるからです。図2-33を見てください。

図 2-33 ネックラインをローソク足の下ヒゲに合わせたときの損切りポイント

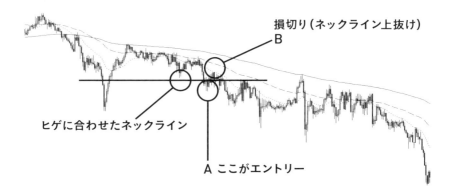

　ネックラインは、ローソク足の下ヒゲに合わせて引いています。そうすると、パーフェクトオーダーが出はじめ、このネックラインを下抜け、ロールリバーサルになったAが売りシグナルになります。その場合、エントリーしてすぐにネックラインを上抜け、ローソク足が確定するBで損切りになります。

　一方、ヒゲではなく、ローソク足の実体に合わせてネックラインを引いてみます。図2-34を見てください。

図 2-34 ネックラインをローソク足の実体に合わせたときの損切りポイント

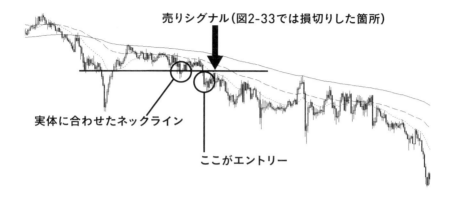

　ネックラインはあまり変わりないように見えます。しかし、先ほど損切りになったポイントが、ロールリバーサルになる箇所です。つまり、先ほどの損切りポイントが、ちょうど売りシグナルになっています。

　ヒゲか実体か、ラインの引き方によって、シグナルが変わってきます。これは裁量判断になりますが、**コツはシグナルが遅くなるほうを引く**ことです。今回の場合、実体に合わせて引きます。ヒゲに合わせて引くと、売りシグナルが早くなります。結果として、トレード回数が増え、損切りも多くなります。一方、シグナルが遅いほう（今回は実体）に合わせて引くと、シグナルは減り、引きつけてエントリーをすることができ、結果として高勝率のトレードができます。

　トレードをしていると、次のような場面に多く遭遇します。
「引き方によっては今エントリーできるが、もっと逆行する可能性もある」
「ラインがたくさん引けて、どれを採用していいわからない」
「今エントリーしないとチャンスを逃しそう」
　このような迷いが生じる理由は、視点が細かくなりすぎているからです。今のトレードで勝ちたいと考えるから、エントリーしたいけど損したくない、という矛盾した気持ちになるのです。そのようなとき、私はネッ

クラインを帯として把握し、広い価格帯としてとらえるようにしています。図2-35を見てください。

図 2-35 ネックラインを帯状にとらえる

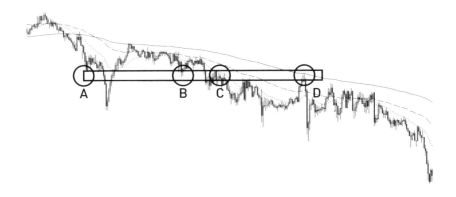

　細いネックラインを引くのではなく、太く引くイメージです。ヒゲと実体のどちらが機能するか、深く考えなくていいので迷いが生じなくなります。こうすると、A、Bがネックになっているので、Cでもみ合っているとわかります。Cのなかの、どこから反落するかまで考えなくてすみます。Cのどこかでエントリーしたら、損切りはこの帯状のネックラインを上抜けたときでいいでしょう。そうすれば、あきらめがつく損切りになるのではないでしょうか。帯状ラインを上抜けたら、さすがに下落するとは考えにくくなるからです。

　帯状ラインのなかで右往左往しても、混乱するだけです。ヒゲだけを見ていると、帯状ラインの下のほうで売りのエントリーをし、帯状ラインの上で損切りをすることになります。まだ帯状ラインのなかでもみ合っているにもかかわらず、エントリーが早いため損をすることになります。ここは下落の波が否定されたわけではなく、ただエントリーが早かっただけですね。もみ合いを上に抜けたとき、はじめて下落が否定されます。

　このように、ネックラインをヒゲか実体のどちらで引くか迷ったときは、トレードの判断も迷います。そうではなく、ネックラインを帯状にと

らえ、より大きな流れとして見るようにしてください。Dでも、ヒゲか実体か迷っていると、判断を見誤る可能性があります。帯としてとらえていれば、このあたりがレジスタンスラインという見方ができるのです。あいまいに感じるかもしれませんが、**振れ幅、あそびの部分を持たせると、目線が狭くなりすぎずに大局を意識できます。**

含み益でも逆行して決済する場合

　損切りは、ネックラインを逆に抜けたら実行します。損失を確定するので「損切り」というわけですが、含み損のときはもちろん、相場が動くにつれてネックラインを引き直していき、ポジションが含み益になっている場合でも、ネックラインを逆に抜けたら決済をします。

　含み益がある状態での決済は「利益確定」という表現になりますが、考え方は同じです。含み損か含み益か、あまり重要ではなく、価格がネックラインを（思っている方向から）逆に抜けたらポジションを解消する、ということです。図2-36を見てください。

図 2-36 売りではトレンドラインを上抜けたらポジション解消

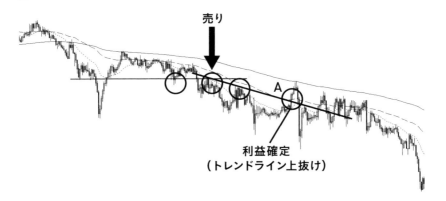

　売りシグナル発生のチャートで、売りポジションを持っていたとします。もし、トレンドラインを引いて相場の流れを見ていたら、Aで上抜け

るため、ここで利益確定をするのがいいでしょう。もちろん、もっと早く利益確定していれば、大きな利益になります。しかし、このトレンドラインに沿って下落していく、と考えていたので、「早く利益確定していれば……」という議論は無駄です。早く利益確定しなかったのは、さらに下落してもっと利幅が取れると考えたからです。そのときの判断は、少なくともAを上抜けするとは考えていないはずです。

　では、トレンドラインが間違っていたのでしょうか？　このトレンドラインも、間違いではないでしょう。200EMAに沿ったトレンドラインですし、75EMAと25EMAも、ほぼ同じ角度です。下降トレンドの波は、このトレンドラインの角度で間違ってはいません。この波が否定されたから、決済をしただけということになります。仮に、含み益が減ったとしても、Aの上抜けで決済するのは正しいことなのです。その後の下落で、また戦略を立て直せばいいだけです。下降トレンドのときは、何度も売りポジションを取って回転させることは、すでに述べた通りです。1つのポジションを、トレンドの最初から最後までホールドするのではありません。トレンドが続く限り、売りでエントリーして決済する戦略を、何度も繰り返すのです。ときには、含み益がなくなる場合もあります。

　同じ相場でも、ラインの引き方によって見え方も変わります。図2-37を見てください。

図 2-37 ラインの引き方で見え方が変わる

　手前の方からラインを引くと、この下降トレンドの波がわかります。トレンドの出はじめだと、まだ高値と安値がないのでラインを引くことができません。後半になるにつれ、引けるようになります。ただ、パーフェクトオーダーが出はじめ、3本の移動平均線が右肩下がりになっているので、下降トレンドが続けば、「こんな角度のチャネルラインが引けそうだ」と予測することはできます。これは下降トレンドの典型ですが、何度かトレードしていくうちに、このような引き方ができるようになります。

　今回はAがポイントです。ネックライン、200EMA、下降トレンドラインが重なっていますね。下げるならここというポイントなので、ここを上抜ければ下降トレンドは否定されます。もしここから下げれば、トレンド回帰をして安値ブレイクを狙ってくるでしょう。そして、実際にそうなっています。今回のようにチャネルラインが引ければ、チャネルの下限であるアウトラインまで下げて値幅達成というイメージです。

　Bはネックラインが引けて、かつS波動（ロールリバーサル）を醸し出しており、パーフェクトオーダーなので売りシグナルです。チャネルラインの下限Cで利益確定ができます。

　なお、チャネルラインの中心にトレンドラインを引くと、上段と下段に分かれます。図2-38を見てください。

図2-38 チャネルラインの中心にトレンドラインを引く

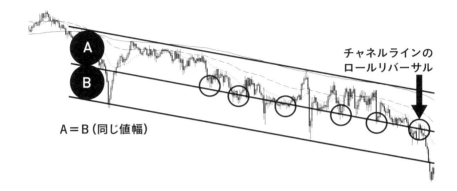

　黒丸Aが上段、黒丸Bが下段です。AとBは同じ値幅のチャネルラインになっています。真ん中のトレンドラインも、帯状にとらえます。そうすると、いろいろな箇所で反応していることがわかるかと思います。丸をつけている箇所です。ローソク足が上段にあるときは、真ん中のネックラインがサポートの役目をしています。そして、右端の矢印の箇所ではS波動が出ているので、売りシグナルが発生します。ここよりも前に下段へ突入している箇所もあります。しかし、すぐにローソク足が切り返してV波動になっています。下段に入ったからすぐに下げるのではなく、もみ合ったうえで、高値と安値を切り下げ、ようやく下段へ入り、25EMAも上からついてきています。今回のような矢印のシグナルまで待てればベストですが、ラインの引き方によっては、それより前で売っているかもしれません。その場合、損切りは直近の高値を上にブレイクしたときがいいでしょう。チャネルラインの上限が下降トレンドラインになるので、下降トレンドラインの上抜けで損切りです。今回は高値を切り上げていないので、損切りにはなりません。ただ、トレンド回帰するには、ある程度時間がかかるという認識は必要です。矢印のような、「下げはじめるならここ」というポイントまで待つのが一番いいでしょう。

トレンドが反転するポイントは逆張りで

09

逆張りのルール

次に、逆張りのルールを見ていきましょう。逆張りは、1つのトレンドが発生したあと、トレンドが終焉し、その反転を狙うやり方です。図2-39を見てください。

図 2-39 ダブルトップの出現後、ネックラインを下抜け

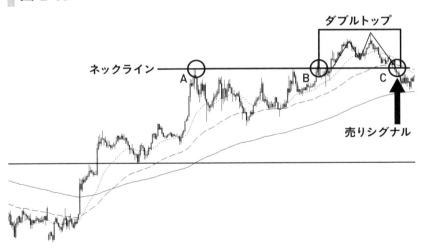

チャートの左から、上昇トレンドが続いています。右側の天井圏で「ダブルトップ」を形成していることがわかります。ダブルトップとは、2つの高値が天井になり、アルファベットの「W」を上下逆にした形に似ていることから、この名がついています。往々にして、ダブルトップはトレンドが反転するときにあらわれます。ただし、ダブルトップが出ただけでは、反転するとは限りません。チェックするのは、ネックラインを下抜けるときです（ダブルトップについてはChapter 3で詳しく解説します）。

まずはネックラインを見つけるようにします。Aが直近の高値で、Bでレジスタンスラインの役目をしています。Bを上抜けるとロールリバーサルとなり、ダブルトップが完成したCがサポートラインになります。このAのような目立った高値があるとき、ネックラインを引くことができます。このネックラインを下抜けると上昇トレンドがいったん否定されるため、Cのポイントが売りシグナルとなるのです。上昇トレンドラインが終わり、反転すると予測した逆張りになります。

また、上昇トレンドラインを下にブレイクしたポイントでもあります。図2-40を見てください。

図 2-40 上昇トレンドを下にブレイクして売りシグナルが発生

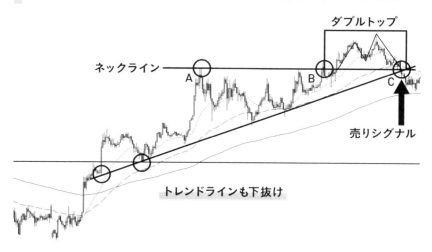

200EMAに沿った上昇トレンドラインが引けていますが、先端のCはネックラインとトレンドラインが交差するポイントです。2つのサポートとなる帯が重なった強い根拠を持った箇所なので、上昇トレンドを継続させるなら、ここが最後のポイントになります。逆にここを下抜けると、上昇トレンドが否定されるという判断ができます。実際には、下抜けしたCで売りシグナルが発生しました。ただ、ダマシとなって反発することもあるので、下抜けたという事実を確認してからエントリーします。

また、下抜けを期待して、Cより上の価格で売りエントリーをするのは非常に危険です。あくまでも下抜けたあとでエントリーをするようにしてください。ただ、相場によっては、ダブルトップの天井（最高値になる部分）が上位足で強いレジスタンスラインにぶつかっていることもあるなど、反転する根拠が他にもある場合はCより上でショートしてもいいでしょう。やってはいけないのは、何の根拠もない「期待」だけのトレードです。「Cを下抜けてほしい」というスタンスが一番いけません。

「Cを下抜けてからのエントリーでは利幅が少なくなるのではないか？」と考えるかもしれません。たしかに、天井でショートしていれば、順張りでも勝ち、逆張りでも根こそぎ取れます。しかし、いつもそのようなトレードをしていると、期待だけでエントリーする癖がついてしまうため、非常に危険です。これは、順張りの箇所でも述べた通りです。**相場には「頭と尻尾はくれてやれ」「天底は取りにいかない」という格言があるように、ほどほどの利幅で十分だという考えを持つことが大事です。**

特に逆張りは、「いつか反転する」という思い込みが強くなるものです。Cで反発して負けると、「次は反転する」と期待してショートし、また負けることになりかねません。このような形では、トレンドが続く限りCをきっかけに連敗することになります。必ず「上にいくならここ」というCのような箇所を下に抜けたことを「確認してから」エントリーをするようにしましょう。

逆張りで気をつけたい点として、順張りに比べてトレードできる範囲が少なくなることが挙げられます。図2-41を見てください。

図 2-41 逆張りは順張りよりチャンスが少ない

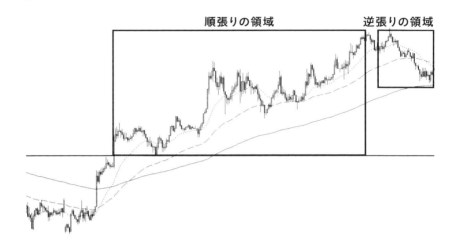

　順張りよりも逆張りの領域が極端に少ないことがわかるかと思います。逆張りはトレンドに逆らうことになるため、順張りでのエントリーよりも難易度が高く、手を出さないほうが懸命です。やはり重要なのはトレンドフォローの考え方です。トレンドフォローは、トレンドの流れをしっかりと見極めるということです。これができれば、順張りで十分な利益を上げられます。つまり、順張りで勝てれば、順張りの領域で逆張りまでやる必要はない、ということです。

　図2-41の逆張りの領域では、図2-39、図2-40でも説明したように、トレンドの終焉を見極めるポイントなので、ここから下がるという戦略が立てられます。売りシグナルが発生し、順張りの領域は終わることがわかるので、ここからのエントリーはトレンドに逆らうことにはなりません。上昇トレンドが否定され下がるポイントで売る、というシンプルな考えです。

　ただ、逆張りの領域は狭いため、大きな利益が期待できないことと、目線を間違えるとトレンドに逆らうことになります。デイトレード手法は、基本が順張りで、逆張りはあくまでも付随的なものと考えてください。

逆張りの決済も値幅達成で

逆張りの決済方法も順張りと同じ考え方で、次の４つです。

１．直近のもみ幅の２倍
２．値幅観測
３．ネックライン到達
４．アウトライン到達

　逆張りは値幅を計算する領域が狭いので、狙えるpipsも少なくなります。また、Ｎ波動も小さくなります。たとえば、ここまで説明してきたチャートでは、Ｎ波動は図2-42の形です。

図 2-42　反転のＮ波動

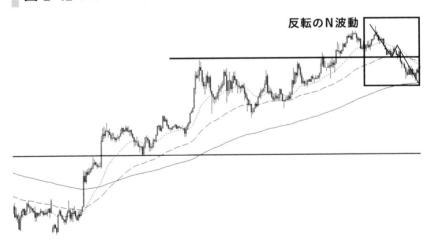

　Ｎ波動が出て、ひとまず達成感があります。エリオット波動でいうと「上昇５波下降３波」のうち「下降３波」になります。下降３波だけなので、値幅を達成したら逆張りは終了です。順張りのように、同じトレンドで何度も買いでエントリーするようなことはありません。

逆張りの領域を、移動平均線でとらえるのもわかりやすくなります。トレンドが終了すると、パーフェクトオーダーも終わります。そうすると、ローソク足が25EMAより下にきます。図2-43を見てください。

図 2-43　パーフェクトオーダーの終了

　ローソク足が25EMAを下抜け、25EMAも下向きになっています。そのあとは3本の移動平均線にローソク足が挟まれています。直近の安値を切り下げ、かつ3本の移動平均線に挟まれているという状況は、それまでの上昇トレンドではなかったことです。そして200EMAまで下げていきました。逆張りの場合、200EMAに到達したらトレンドはひとまず終了と考えます。200EMAに到達すると下げも一服し、エリオット波動の「上昇5波下降3波」が形成されるからです。ここから先は別の相場に移行することになります。**逆張りは、エントリーから利益確定まで、25EMAから200EMAの間で終わるということを頭に入れておきましょう。**

　なお、損切りも順張りと同じ考え方です。売りエントリーの場合、ネックラインを上抜けたら損切りします。図2-40のCのような、「下がるならここから」というポイントを上抜け、ローソク足が確定したら損切りします。これは15分足なので、15分足が確定するまで待ちます。

Chapter

3

トレード戦略を立てる
「具体的なプロセス」

Strongest FX 15 minute day trade

大局を把握する

10

上位足からトレンドを把握する

　トレードルールを覚えたら、実際の相場に応じて戦略を立てる必要があります。15分足でシグナルが発生したからといって、どれもこれもエントリーしていると、損切りが多くなってしまいます。個々のシグナルは、相場環境によって、期待値が高いときと、そうでないときがあります。期待値が高いときに発生したシグナルこそ、勝率の高いトレードにつながります。その判断をするためには、知識が必要です。時間帯の特徴や、アノマリー（異質な事象）的なこともあるでしょう。言葉では言い表せないものの、「こういうときはこうなりやすい」という値動きの癖だったりします。これらの１つ１つがトレードの引き出しになり、この相場ではこの道具を使う、というように使い分けをするのです。エントリーする準備段階で、９割がた勝負はついていると述べました。この使い分けをすると、適切な戦略を立てることができ、結果として期待値が高いトレードが実現できます。

　このChapterでは、その日トレードするときにやるべき手順や、知っておくべきことをまとめました。

　まずやるべきことは、チャート分析です。デイトレード手法では、売買

110

シグナルからエントリータイミングまで15分足を使いますが、15分足だけ見ていても大局はわからないので、上位足から順番に見ていくことをおすすめします。

　私のスタイルは、週足→日足→4時間足→1時間足→30分足→15分足という順番で見ていきます。15分足よりも短い5分足や1分足は、チャート大局の把握では見なくてもいいでしょう。

「木を見て森を見ず」ということわざがありますが、相場でも同じことがいえます。**上位足で相場の大きな流れを把握し、下位足の15分足でその日のトレードポイントを探ります。**大きな流れは、次の3つを把握するようにします。

1．上昇トレンド
2．下降トレンド
3．レンジ

　相場は、この3つのうちのどれかです。デイトレード手法は、トレンドフォローが基本です。上位足において、上昇トレンドか下降トレンドのとき、15分足でトレードチャンスが訪れます。トレードする対象は、トレンドが出ている通貨ペアになります。

まずトレンド相場がトレード対象

　たとえば、週足や日足、4時間足でレンジのときは、15分足でたとえトレンドが出たとしても、エリオット波動でいう第1波で終わってしまうなど、短いトレンドで終わってしまう可能性が高いです。もちろん、15分足で大きなトレンドが発生し、それが1時間足や4時間足の流れをつくるきっかけになることもあります。上位足でトレンドが出るということは、それよりも先に、下位足でトレンドが発生します。そのため、上位足がレンジだからといって、下位足もレンジになるとは限りません。あくまでも、確率という観点で考えています。

111

たとえば、4時間足で上昇トレンドのとき、15分足で上昇トレンドが発生したら、それは高値をブレイクしてさらに上昇する可能性が考えられます。押し目をつけたら、買い戦略を取るのが正しい判断となります。逆に、4時間足でレンジのとき、15分足で上昇トレンドが発生しても、4時間足でブレイクになるかどうかはわかりません。押し目買いの勝率が上がるかというと、結局わからないでしょう。そのため、トレード対象は、上位足でトレンドが発生している通貨ペアに絞るといいです。
　図3-01を見てください。これは、AUD/USDの15分足です。

図 3-01 パーフェクトオーダー＋ネックライン下抜け＋S波動

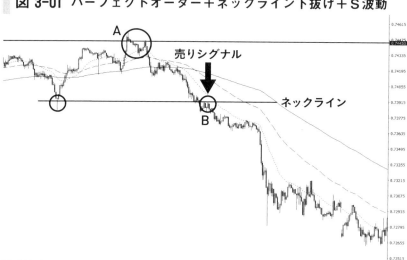

　まず、Aのあとに発生している売りシグナルを見てください。ここは、移動平均線がパーフェクトオーダーになり、直近のネックラインを下抜け、S波動（ロールリバーサル）になっていますね。たしかに、15分足ではシグナルが発生し、ここから下落しています。ただ、実際の相場では、シグナルが発生したからといって、売りでエントリーしていいものか、迷うこともあるでしょう。このようなとき、上位足の相場環境を見ることで、判断材料が増えます。結果、適切な戦略を立てることができます。

では、Aで反落している部分の流れを日足で見てみます。

図 3-02 日足でAを確認してみる

　15分足で見ていたのは、Aの箇所です。日足で見てみると、15分足がどれだけ狭い視野だったのかがわかります。日足では、何か月も前から下降トレンドの状態だったことがわかります。図3-02のAではパーフェクトオーダーが出ています。図3-01の15分足で見たチャートは、日足でパーフェクトオーダーが出ており、下降トレンドの最中だったのです。15分足のAは、実は日足の大きなネックラインだったのです。このネックラインは、サポートからレジスタンスにロールリバーサルし、上抜けできない強いレジスタンス帯です。日足だと、「ここを上抜けたら下降トレンドが否定される」というネックラインです。逆に、ネックラインで反落すると、下落の波に飲み込まれて安値ブレイクする可能性が想定できます。
　このように、15分足だけでAを見ていても、単なるもみ合いの高値にしか見えないのですが、日足では非常に重要なポイントだったということです。Aで反落したことは、大きな意味がありました。
　これで、15分足の売りシグナルが出たプロセスが、根拠の強いものだ

とわかったのではないでしょうか。強烈な節目となるネックラインを上抜けできず、反落したあとに発生した売りシグナルです。「日足で上抜けできなかった」「上位足で下降トレンド」という判断材料を得ることができます。上位足が下降トレンドなので、下位足である15分足も下降トレンドだと、さらに安値をブレイクして下落していくと想定できます。これは、上位足に従ったシグナルで、トレンドフォローといえます。

また、安値を更新していくということは、値幅の達成も計算しやすくなります。最低でも、安値をブレイクするまで安心してホールドすることができるようになるのです。もし上位足でレンジ相場だと、15分足で売りシグナルが発生しても、安値をブレイクするかはわかりません。少なくとも、上位足がレンジよりも下降トレンドのときのほうが、安値ブレイクする確率は高くなります。

この相場を、1時間足で見てみましょう。

図 3-03　1時間足で15分足の部分を確認してみる

チャート上部、ネックラインで反落しているAは、15分足のAの箇所と同じです。Bが、15分足の売りシグナルが発生したポイントです。日

足、15分足ではわかりませんでしたが、Bの売りシグナルが出たポイントは、3度目の下値トライということがわかります。15分足で見るよりも、大きなサポート帯といえます。ここを下抜けたのは、上昇する力が弱いことを意味します。日足でAはネックラインでした。Aを上抜けできず、1時間足でサポート帯を下抜け、15分足でパーフェクトオーダーが出はじめたポイントがBなのです。これで、日足→1時間足→15分足の流れがそろいました。こうなると、**15分足の売りシグナルの根拠は、相当な強さとなり、直近の安値をブレイクして値幅を出すのではないかという想定をすることができます。**値が止まるポイントと、利益確定のイメージが描きやすいということです。安値をブレイクするということは、1回のトレードで利幅も稼ぐことができます。

3つの節目がトレンドの目安

　ブレイクを伴うトレンドが発生すると、押し戻しをしながら、いくつかの節目をブレイクします。それが、最終的にエリオット波動の「上昇5波下降3波」になるイメージです。きれいに5波と3波が出るわけではなく、何回か押し戻しがある、という大雑把な見方でもいいでしょう。これが一連のトレンドになります。

　強いトレンドでは、「3つの節目」をブレイクすると考えてください。図3-04は、図3-03と同じ1時間足です。

図 3-04 強いトレンドは3つの節目を突破する

　3本のネックラインがあります。1本目のネックラインを下抜けて、下降トレンドが発生しています。2本目付近で少しもみ合ったあとで下降トレンドに回帰し、3本目ではもみ合うことなく、急落しています。それぞれのネックラインで、もみ合うか、ブレイクするか、それとも反発するかは、相場次第になります。ただ、ネックライン付近で反応し、売買が急増することは間違いないでしょう。確率的には、下降トレンド中なので、ある程度の達成感がないとトレンドは止まりません。そのトレンドを否定するような買い圧力が必要になります。

　いつも3つの節目（ネックライン）をブレイクするのではなく、そうなりやすいと覚えてください。トレンドは、必ずN波動を描きます。**N波動は、最終的にエリオット波動になります。エリオット波動の上昇5波（今回は下降トレンドなので下降5波）が、3つの節目で反応するイメージです。**

　たとえば、次のような流れです。下降トレンドが出はじめて移動平均線がパーフェクトオーダーになり、1つ目のネックラインで反応して反発し、これが戻しポイントになります。そこから下げはじめ、安値をブレイ

クして下降トレンドが発生します。次のネックラインまで進み、そこで反発して戻りをつけ、トレンド回帰する。そして、安値更新して次のネックラインまで進む、という3段階の流れです。3つの節目を越えると、エリオット波動が完成して一連のトレンドが終わるというイメージです。そのため、節目を「3」という数字でとらえるようにしています。

　3を基本にしていると、仮に2つの節目でトレンドが終わったときは、トレンドが弱いと判断できます。逆に、4つも5つもブレイクしているときは、かなり強いトレンドだと認識できます。そうすると、上位足ではどんな環境なのか、深く分析しようとしたり、逆張りにならないポジションを取ったりするなど、次の戦略に活かすことができます。いつも3つの節目をブレイクしてトレンドが完成するわけではありませんが、基本をつくることで、基本から逸脱したときの対応が可能になるのです。

　3つの節目がわかったところで、上記の売りシグナルの利益確定ポイントを探ってみましょう。エントリーは15分足で行ないましたが、イグジットも15分足で行ないます。上位足である日足と1時間足もチェックしましたが、利益確定のポイントを探るのは15分足がいいでしょう。エントリーからイグジットまで、時間軸は変えないほうがいいからです。

　チャート分析は、いろいろな時間軸を使って判断しますが、実際のトレードは15分足で行なうという一貫性をキープします。エントリーは15分足、イグジットは日足、というようにすると、どの時間軸でトレードしていいのか迷ってしまいます。トレードは15分足に固定し、視野を広くするために上位足を見てください。仮に上位足で重要なネックラインに当たるなど、反転するポイントにきたらイグジットしてください。あくまでも基本を15分足にし、見落としがないかどうか、上位足で確認するようにしてください。

　では、15分足の図3-05を見てください。

図 3-05 決めたポイントまで来たら利益確定をする

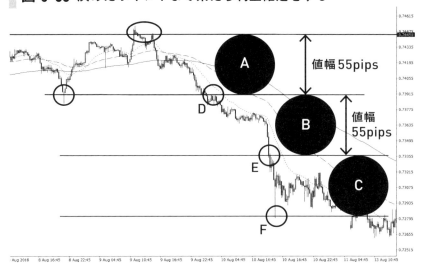

　売りシグナルが出るまでのレンジ幅をAとします。シグナル発生前は3本の移動平均線が収束し、200EMAも水平でした。ローソク足も移動平均線を行ったり来たりしていて方向感がなく、もみ合いです。そして、ネックラインを下抜けたDで売りシグナルが発生しています。

　A、B、Cの値幅は同じです。Aの値幅が基準となり、その2倍、3倍と幅が出て、値幅達成をしています。Aの値幅は55pipsです。利益確定をするとしたら、EかFが最適でしょう。私が利益確定するとしたらEです。理由は、3倍の値幅をめざしてFまでホールドしていると、ポジションのホールド時間が長くなるからです。またEは、図3-04の1時間足で見た、3本目のネックライン下抜け直後になります。3つ目の節目を下抜けたので、反転して下ヒゲをつくる可能性があるなと想像できるからです。

　時間の観点からいうと、DのシグナルからEまで、約10時間あります。10時間以上ホールドすると、3つの市場(アジア、ヨーロッパ、ニューヨーク)をまたぐことになり、反転する可能性が考えられます。10時間だと2市場なので、デイトレードとしては程よいホールド時間です。たとえば、アジアとヨーロッパタイムをホールドして、2倍の値幅を達成して

利益確定する。このようなトレードでも、利益は十分確保できます。もし、ニューヨークタイムで戻しをつければ、再エントリーすればいいわけです。今回は戻しをつけず、EからFまで急降下しました。結果的には再エントリーはできず、ホールドしていればよかったのでしょうが、想定していた値幅を達成したので、間違ってはいません。10時間のホールドで55pipsの利幅なら、いいトレードだといえます。

なお、最初から3倍の値幅を取るつもりでFまでめざしているのであれば、Fまでしっかりホールドすべきでしょう。EかFのどちらが正解というものはありません。基本的に、決めたポイントまで来たら利益確定し、含み損になれば損切りをするだけです。

ここまでが、エントリーからイグジットまで、一連のトレードになります。特に重要なことは、**上位足でチャート分析をして大局を把握し、15分足でエントリーする根拠をしっかり持つこと**です。15分足でエントリーシグナルが発生したからといって、やみくもにトレードしてはいけません。事前準備で9割がた勝負はついているのがデイトレードです。エントリーする根拠をしっかり持ちましょう。そうすれば、イグジットまで、自信を持ってホールドすることができます。そのためには、大局をしっかりと把握することが重要です。

上位足のトレンドに従うこと

ここまで紹介した相場は、上位足では下降トレンドでした。まず、この環境を把握できなければなりません。日足をもう一度見てください。図3-06です。

図 3-06 決めたポイントまで来たら利益確定をする

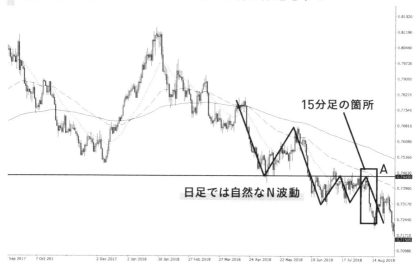

　N波動を線で書くと、とても自然な値動きに見えます。15分足はAの箇所ですが、上位足で下降トレンドの最中に、下位足の15分足でショートを狙うというトレードです。相場の流れに反することなく、勝つべくして勝てたトレードといえます。

　デイトレード手法は、上位足のトレンドに従うことが基本です。このようなトレンドフォローを、たくさん重ねていきましょう。

Strongest FX 15 minute day trade

7つのラインで確実に
エントリーポイントを絞る

11

Chapter

3

トレード戦略を立てる「具体的なプロセス」

とにかくラインを引きまくる

　チャート分析をするとき、まずローソク足と移動平均線をチェックし、次にラインを引くようにします。ここで重要なのは、少し大げさにいうと、「とにかくラインを引きまくる」ことです。移動平均線で大きな流れを把握し、ラインを引きまくってエントリーポイントを探していきます。最初からうまくラインを引くことはできないので、**ローソク足が見えなくなるくらいラインを引き、それを消してまた引き直すという作業を繰り返し行ない、ようやく機能する1本のラインを見つけることができます。**

　これまでに、サポートラインやトレンドラインなど、多くのラインを紹介してきました。ラインの種類は全部で7種類あります。最初の5つはすでに紹介しました。あとの2つ（カウンタートレンドライン、カウンターチャネルライン）については、このあと実例で紹介します。

・サポートライン
・レジスタンスライン
・トレンドライン
・アウトライン
・チャネルライン

121

・カウンタートレンドライン
・カウンターチャネルライン

　すべてこの７つのラインを使って戦略を立て、エントリーからイグ
ジットまで判断をします。これらのラインを総称して「ネックライン」と
いいます。
　ネックラインの意味は、ネック(節目、しこり、障害)になるライン(線、
価格帯)です。私がチャート分析するときは、これからトレンドラインを
引く、レジスタンスラインを引くというより、「常にネックラインを引く」
という感覚を持っています。そのネックラインが、「斜めならトレンドラ
イン」「水平ならレジスタンスライン」ということになります。**相場が動く
のか、それとも止まるのか、そのポイントを見つけるためにネックライン
を引いていくわけです。**
　相場によっては、引けるラインがトレンドラインだけになることもあ
るでしょう。チャネルラインだけの相場もあれば、アウトラインは使わな
いなど、相場によって違ってきます。すべての相場で７つのラインを引こ
うとするのではなく、相場ごとで使用するラインを使い分けましょう。
　トレンドが発生してさえいれば、７つのラインでネックラインを引き、
確実にエントリーポイントは絞れるはずです。売買シグナルは、これら７
つのラインで十分です。
　それでは、ここからトレード例を見ていきましょう。図3-07は、
AUD/JPYの15分足です。

図 3-07 ブレイクして上昇トレンドが発生してからの戦略を立てる

まず、Aのポイントでレジスタンスラインを上にブレイクしていますね。ブレイクする直前、もしくはブレイクの瞬間にロングすれば、底でエントリーできたことになります。根こそぎ利幅を稼ぐことはできますが、現実的ではありません。レジスタンスラインがあったとしても、実際にはブレイクするかどうかはわからないので、ブレイクして上昇トレンドが発生してからの戦略を立ててみます。**実際のトレードでは、トレンドが発生したあとの押し目を狙うのが現実的です。Aでブレイクしたあと、しっかりと7つのラインを引き、焦らずにトレンドフォローすることが大事です。**

このチャートではレジスタンスラインをブレイクしてトレンドが出ていますが、まずはこのレジスタンスラインを引くことができれば、ゆっくり観察できるのではないでしょうか。Aからパーフェクトオーダーになっているので、押し目を待つ姿勢ができます。これからどうトレードするかという心構えができるのです。

フィボナッチの使い方

ブレイクしたとき、押し目がどこになるのかは、ローソク足だけ見ていても、なかなかわからないものです。ブレイクした段階ではチャートを形成していないため、レジスタンスラインのような水平ラインは引けても、トレンドラインやアウトラインなどの斜めのラインは引くことができないからです。

7つのラインでエントリーポイントを見つけていくわけですが、これはあくまでもローソク足がある程度形成されてからの話です。第1波を形成中は、押し目がどこになるかがわからない状態なので、このようなときは「フィボナッチ」を使うと便利です。

トレンドはN波動を描きます。今回は急騰後、上昇トレンドを形成していますが、N波動の第1波の押し目がどこになるか、フィボナッチを使って先読みをすることができます。図3-08を見てください。

図 3-08 フィボナッチを使ってN波動の第1波の押し目を確認する

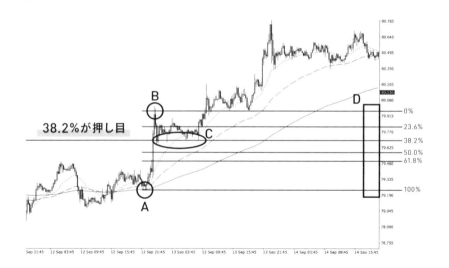

フィボナッチの引き方は、トレンドの第1波になる安値と高値を結ぶ

だけです。今回は、A→Bが第1波になり、Aが安値、Bが高値となるので、MT4で「フィボナッチ」を選び、AからBに向けてマウスをドラッグします。そうすると、図3-08のように自動でラインが出てきます。

フィボナッチは、安値と高値の値幅に対し、「何パーセント下げたのか」を示してくれます。チャート右端のDに数字が表示されているはずです。Bのラインが0％になっています。ここが基準となり、下に向けて次の順番で数字が表示されています。

・23.6％
・38.2％
・50.0％
・61.8％
・100％

23.6％は、ABの値幅に対して「23.6％下げていますよ」という意味です。50.0％はAB間のちょうど半分ということで、「半値押し」になります。0％と100％はAとBなので、テクニカル的な意味はありません。

トレンドは23.6％と38.2％に乗っていく

フィボナッチで重要なのは、23.6％と38.2％だと私はとらえています。上昇トレンドが発生するとき、23.6％と38.2％で反発し、押し目となることが多いからです。N波動のNの字を思い浮かべてください。23.6％と38.2％で反発すると、きれいなNの字になります。逆に、61.8％まで押してトレンド回帰すると、N字として見るのは少し無理が出てきます。誰もが買いたくなる相場だと、少し下げたとき「乗り遅れまい！」と、下げ切る前にどんどん買いオーダーが入る。そうすると、50.0％より下げることは、なかなかありません。23.6％と38.2％が、買いたくなるボーダーラインのようなものです。高値では買いたくない、だけど、買い遅れたくないという心理的な節目です。

これが、50.0％まで下げると、トレンド回帰するための最後の押し目ポイントになることが多いです。心理的にも「ちょうど半分まで押してきた」と認識され、買いたいトレーダーが最後に注文するポイントです。N波動を描くにしても、50.0％ならNの字はまだきれいです。

　23.6％や38.2％は、中途半端な数字に感じるかもしれません。では、なぜこのような数字かというと、人間の心理状態を表したフィボナッチ数列に基づいているからです。フィボナッチ比率は「黄金比率」といわれ、人間が心地よいと感じる数字だといわれています。詳しい説明は割愛しますが、**23.6％や38.2％が、「押し目になる心地よいポイント」ということです。このあたりまで下げると、買いたくなるのが人間の心理なのでしょう。**黄金比率については、インターネットで検索すると、詳しい説明が書いてあります。前著『最強のFX　１分足スキャルピング』（日本実業出版社）でも書いていますので、よろしければご覧ください。

　　※なお、本書のテクニカル分析については、前著と重なるツールもあります。同じテクニカルでも、スキャルピングは１分足なのに対し、本書のデイトレード手法は15分足を基本とし、さらに上位足（１時間足、４時間足、日足など）で使います。同じテクニカル分析でも時間軸が違うため、活用方法が異なります。前著も読んでくださると、１分足での使い方と比較ができます。本書のテクニカル分析の仕方と比較し、ぜひ引き出しを増やしてください。

　50.0％が最後の押し目ポイントだと書きましたが、ここを下抜けると、急に上げにくくなると覚えておいてください。トレンドが出るにしても、23.6％か38.2％のどちらで反発するかは、相場次第になるため、他の時間軸やテクニカル分析と組み合わせて判断します。

　今回は、Cの38.2％で反発しています。なぜ38.2％で反発したのかは、４時間足をチェックしていれば想定できます。図3-09の４時間足を見てください。

図 3-09 15分足のポイントを4時間足で見てみる

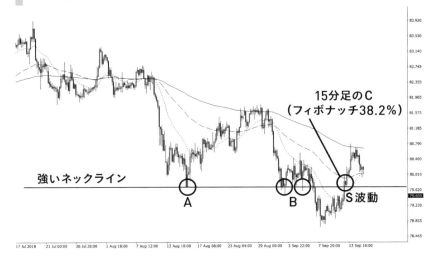

　チャートの一番右の丸のポイントが、15分足のCの箇所です。実は、4時間足ではネックラインが引ける価格帯なのです。15分足で押し目をつけるとき、フィボナッチ38.2％が、このネックラインになったというわけです。しかも、Aで安値をつけたあと、Bで何度も反発しているので、強いネックラインということがわかります。

　もし上昇トレンドを出すなら、このネックラインで反発しなければならないということが判断できることになります。また、S波動になって、ネックラインがロールリバーサルしているので、強い買い圧力が働くポイントであることもイメージできます。こうしたことから、15分足でフィボナッチを引いたとき、4時間足に引いたネックラインが機能していることを把握できていればいいでしょう。そうすれば、38.2％で反発する高い可能性を想定できます。逆に、38.2％を下抜けると、ネックラインを下抜けることを意味するので、上げにくくなります。

　このように、**押し目になりやすい23.6％、38.2％という数字に到達しても、フィボナッチだけで判断することをせず、長い足でも状況を確認する癖をつけていくといいでしょう。**

押し戻りを狙った逆張り

先ほどのチャートでは、15分足は上値をブレイクして、上昇トレンドだと判断できました。しかし、4時間足を見ると、大局は下降トレンドということがわかります。4時間足レベルでは、200EMAよりもローソク足が下にあり、下向きのパーフェクトオーダーが出ているからです。つまり、15分足は上昇トレンドでも、上位足では下降トレンドだったのです。これは、上位足に対し逆張りになるため、「戻りをつけるための上昇を狙ったトレード」になります。トレンドフォローが基本と述べましたが、トレンドは押し目や戻りをつけるという仕組みをしっかり理解していれば、逆張りもできるのです。

ただし、どんな相場でも逆張りが可能なわけではありません。トレンドフォローでは、トレンドさえ発生すればどんな相場でもチャンスはあります。逆張りだと、次のような条件が必要です。

・中長期トレンドが発生している
・値幅を出している
・4時間足よりも上位足のトレンドが発生している

つまり、トレンドフォローに比べ、チャンスの範囲が狭いのです。これらの条件を満たしているときに限り、逆張りが可能になります。上記3つを言い換えると、「日足や週足で値幅を伴う中長期トレンドが発生していること」が必要です。この相場において、15分足レベルで押し戻りを狙います。

注意してほしいのは、「逆張り」といっても15分足レベルでは順張りのトレンドフォローということです。15分足でトレンドが出たあとの反転を狙う逆張りとは異なります。つまり、15分足のトレンドに逆らうわけではないので、ここは間違いのないようにしてください。あくまでも、15分足はトレンドフォローで、上位足では逆張りになるだけです。

図3-10を見てください。上記AUD/JPYの日足です。

図 3-10 日足では下降トレンド

　移動平均線はきれいなパーフェクトオーダーです。下降トレンドが出はじめたのは、ネックラインを下抜けたあとです。何度かネックラインに対して上値トライをしていますが、どれも失敗に終わっています。ただ、そのときも200EMAは下向きなので、下降トレンドは継続していることになります。

　下降トレンドの期間は、約半年です。また、ネックラインから最安値までの値幅は550pipsです。日足で値幅を伴う中長期トレンドで、条件としては問題ないでしょう。そのため、15分足で上昇トレンドが発生しても、日足では戻りの範疇としてとらえることができます。逆に、これほど長い期間下降トレンドなので、大きな戻りが発生するのは必須です。それが、15分足で上昇トレンドになるというわけです。日足で大幅に下げているからこそ、戻りも大きくなるものです。大局をしっかり把握し、その相場に合わせた戦略を立てるということです。

　逆張りで意識すべきは、トレンドフォローと違い、値幅が限られていることです。戻りに限界があるからです。戻りが大きく、15分足で上昇ト

レンドが発生しているからといっても、大局では下降トレンドなので、どこから下降トレンドに回帰するかはわかりません。そのため、逆張りの場合は、あまり利幅を狙わないようにするのがおすすめです。

利幅の想定を、図3-11の1時間足で見てみましょう。

図 3-11 値幅の想定

ネックラインは、4時間足と同じネックラインです。1時間足でも、このネックラインでいろいろな箇所で反応していることがわかります。

AとBは同じ値幅です。ネックラインを挟んで、上下に2倍の値幅になっています。Cは図3-08で紹介した15分足でブレイクしたポイントです。このネックラインは、200EMAと重なり、ぴったり上下に2倍になっていますね。この相場の前提は、上位足に対して戻りをつけている相場でした。そのため、どこかで反落する可能性が常に存在します。上昇の値幅達成をしたら、上位足の波があるので、反落する可能性が高くなります。そのポイントがDです。Dは、15分足では上昇トレンドですが、1時間足ではここで反落すればレンジ相場です。「下降トレンド→レンジ→下降トレンド回帰」という流れを意識することができれば、ローソク足が

200EMAより上で2倍の値幅を出しているので(A＝B)、達成感があります。

　日足、4時間足は下降トレンドのまま、1時間足はレンジ、15分足は上昇トレンドという「戻り相場」です。1時間足でDを上抜けて上昇トレンドになると、今度は4時間足レベルでレンジ相場になることが想定できます。さまざまな時間軸を見ると、戦略を立てることの重要さがわかると思います。

　もちろん、Dで必ず反落するわけではありません。大きな戻りがあれば、Dを上抜けて1時間足レベルで上昇トレンドになり、移動平均線もパーフェクトオーダーが継続するでしょう。あくまでも戻り相場なので利幅は狭くする、最低限の値幅達成で利益確定をしておく、ということです。ここでは出来上がったチャートにラインを引いていますが、実際の相場では、ネックラインと最安値にチャネルラインを引き、それを複製して2倍の値幅を取ってDの価格帯をはかります。「最大でここまで戻りそう」「ここで1時間足の値幅達成だ」という事前の想定をします。これで、利益確定のイメージもできます。

N波動に沿った1本のネックラインをきめる

　では、15分足に戻りましょう。図3-12を見てください。

図 3-12 N波動に沿ったネックラインを引く

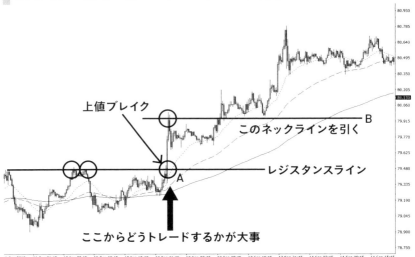

　図3-08で紹介したように、レジスタンスラインをブレイク（Aのポイント）し、フィボナッチの38.2％（4時間足ネックラインと重なる価格帯）で反発し、上昇トレンドに回帰しましたね。次に、Bのネックラインを引くかどうかで、見方が変わってきます。このネックラインは、Aをブレイクしたときの高値です。つまり、レジスタンスラインからサポートラインへロールリバーサルしているため、「上昇トレンド回帰するならここから」というラインですね。実際のトレードでは、フィボナッチ38.2％で買いエントリーができなくても、Bのネックラインで買うこともできます。Aを上抜けて「ここからどうトレードするかが大事」だと述べましたが、トレンドフォローでは、チャンスは何回もやってきます。安値を切り下げることがないからです。ネックラインが引ければ、N波動をイメージし、押し目での買いエントリーを想定します。図3-13を見てください。同じ15分足です。

図 3-13　15分足と1時間足で値幅達成のポイントが同じ

　トレンド発生の証である、N波動が出ていますね。Aが第1波の値幅で、Bも同じ値幅（2倍＝E計算）になります。Bの最高値は、1時間足で計算した値幅達成のポイントと同じになります。15分足と1時間足の両方の時間軸で、値幅達成のポイントが同じということです。つまり、この値幅達成後、反落する可能性が高くなります。どんな相場でも、トレンドが出たら、このようなN波動のイメージをつくることを意識するといいでしょう。そのために、節目となるネックラインを引き、それを基準に戦略を立てていくのです。

　ただし、何度も書いていますが、上位足には逆らっているため、大きな利幅は狙わないようにします。図3-13では、第1波であるAの2倍がBなので、値幅観測でE計算になります。ここまで利幅を求めず、もっと少ない利幅でも構わないです。図3-14を見てください。

図 3-14 もっと少ない利幅を狙う場合

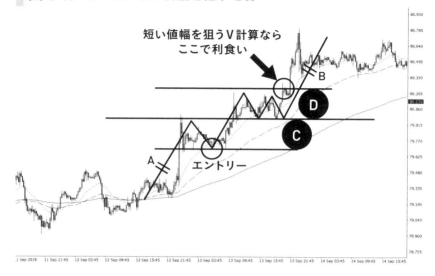

　短い利幅を狙うなら、V計算やNT計算ではかるといいでしょう。たとえばV計算ではかる場合、押し目の値幅Cが基準となり、その２倍の値幅がDなので、C＝D（V計算）になります。仮に、フィボナッチ38.2％の価格帯で買いのエントリーをしていれば、DでV計算を達成したときに利益確定しても十分な利益が出るでしょう。

　ちなみに、図3-14ではエントリーからイグジットまで、ポジションホールドは12時間、利幅は50pipsです。時間帯は、日本時間の８時から20時でした。アジアタイムの最初にエントリーし、ヨーロッパタイムの後半でイグジットしたということになります。ニューヨークタイムに入る前に利益確定というトレードです。結果的にはあと数時間持っていれば最大限の利幅になりましたが(100pips弱取れています)、Dの値幅達成で利益確定するイメージ通りのトレードはできたので、問題ないと判断します。ネックラインを引いてN波動をイメージし、エントリーからイグジットまで一貫性のあるトレードはできていると判断していきます。

3本のライン

この相場で引いたラインは、水平のネックラインだけでした。機能しているラインが1本でも引ければ、トレードの戦略は立てることができます。それが、水平でも斜めでも、どちらでも構いません。自分なりのシナリオを立てることができればいいのです。

ちなみにこの相場では、斜めのラインも引けます。図3-15を見てください。

図 3-15 斜めにラインを引いてみる

①②③の3本のトレンドラインがあります。トレンドラインというと、「安値同士を結ぶだけ」というイメージがあるかもしれません。それ以外に、このチャートのように3本のトレンドラインを引くやり方もあるので、見方の1つとして使ってみてください。

引き方は、3本の移動平均線の流れに沿って引きます。

①のライン　→　25EMA に沿ったトレンドライン

②のライン　→　75EMA に沿ったトレンドライン
③のライン　→　200EMA に沿ったトレンドライン

　この引き方は、パーフェクトオーダーが出ているときしか引けません。トレンドラインの起点は、パーフェクトオーダーが出はじめた（トレンドが出はじめた）ローソク足の安値に合わせます。パーフェクトオーダーの起点になっているローソク足付近というイメージです。そして、３本の移動平均線の角度に合わせると、トレンドラインも３つの角度になります。そうすると、相場の勢いを３つに分類することができます。

①のライン　→　短期トレンドライン
②のライン　→　中期トレンドライン
③のライン　→　長期トレンドライン

　短期トレンドラインは急角度になり、長続きはしません（AとBの箇所）。中期トレンドラインは、短期トレンドラインを下抜けたあとに反発します（Cの箇所）。長期トレンドラインは、トレンド回帰するための最後の反発ポイントです。
　考え方は、移動平均線と同じです。**トレンドが続くときは、①短期トレンドラインと②中期トレンドラインに乗っていきます。**
　BとCは、図3-12で見たネックラインになります。①のトレンドラインに乗って強い上昇はできませんでしたが、②の中期トレンドラインで反発して上昇トレンドに回帰しています。このCのポイントは、②の中期トレンドラインとネックラインが重なる箇所ですね。「上げるならここから」という価格帯です。もしCを下抜けたら、③の長期トレンドラインとAの価格帯（フィボナッチ38.2％）が重なるポイントまで下げそうだ、と想定できます。

　トレンドが発生すると、最初に引けるのは①の短期トレンドラインですが、この１本しか引いていないと、ラインを下抜けたとき、その後どう

なるか判断に迷ってしまうでしょう。「トレンドラインで反発しないから、もうトレンドは終わりかな？」となるかもしれません。もし、3本のラインを意識できていれば、たとえ短期トレンドラインを下抜けても、「次は中期トレンドラインにぶつかる」とわかるので、焦らず受け入れ態勢が取れます。移動平均線で考えるとトレンドは25EMAと75EMAに乗っていくように、「トレンドは3つの角度で進んでいく」ということを、トレンドラインも同じようにとらえてください。

Y波動とP波動

　ラインを引くとき、サポートラインやトレンドラインなど、機能しそうなネックラインを引くことは非常に大事です。日足や4時間足で大局を把握し、1時間足、15分足と徐々に時間軸を狭くし、トレード戦略を立てるイメージです。この場合、N波動を意識し、トレンドの波を把握して押し目や戻りを見つけていくということはすでに述べた通りです。トレンドは、いわば相場の主役です。

　一方、「トレンドのあとの小休止」「もみ合っている箇所」は、いわば脇役です。上昇トレンドなら、押し目をつけている場面です。レンジ相場とは違いますが、「小さなレンジ幅」というイメージでしょうか。エリオット波動でいうと、上昇5波のうち、第2波と第4波（押し目をつけるために下げる箇所）です。このような小休止のポイントだけでラインを引けるようになると、さらにトレードの引き出しが増えます。

　ここまで説明してきた、一連の相場として図3-16を見てみましょう。

図 3-16 小休止のポイントだけでラインを引く

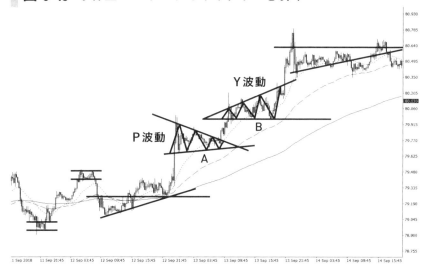

　もみ合いにラインを引いています。このように引くと、小休止が際立って見えてきます。結果、ブレイクしているポイントもより把握できるのではないでしょうか。トレンドが発生するとき、もしくはレンジ相場で反転するときも、必ずといっていいほど、もみ合いがあります。**どんなに小さな相場でも、「もみ合いがあってブレイクする」という流れになっています**。それが、上か下のどちらにブレイクするかはわかりませんが、ある程度、トレンドが出る準備はできます。また、レンジのなかの極めて小さなトレンドであっても、もみ合いはあります。

　引き方もさまざまです。もみ合いを平行に引いたり、トレンドラインのように引いたりすることもできます。なかでも重要なのは、チャート上のAとBの引き方です。どちらも三角持ち合いですが、Aが収束していくもみ合い、Bは拡大していくもみ合いで、次のようになります。

A→P波動：高値切り下げ、安値切り上げ（ローソク足が収束していく）
B→Y波動：高値切り上げ、安値切り下げ（ローソク足が拡大していく）

Y波動、P波動はその名の通り、一種の波動です。I波動、V波動、S波動と同じ仲間になります。I波動とV波動が連続し、Y波動やP波動になります。

　Y波動は、売買が拮抗してボラティリティ（価格変動の大きさ）が高い状態で、P波動は売買が少なくボラティリティが低い状態になります。これは、どちらも「迷いが生じている」という点で、もち合いをブレイクした方向へ進みやすくなります。Y波動よりもP波動のほう（三角持ち合い）が、よく見られます。ラインを引くときも、P波動のほうが引きやすく、見つけやすいです。ただ、ブレイクしたあとのトレンドの強さはY波動のほうが大きくなります。Y波動は、とにかくどちらかに動き出したくて、うずうずしている状態です。高値を切り上げても上げられない、逆に安値を切り下げてもまだ下落できないといった状態です。そのため、ブレイクしたときは、大きなパワーを放出するかのようにトレンドが出ることが多くなるのです。今回は、Y波動を上にブレイクし、値幅達成をするための最後の急騰になりました。

　このように、**大局を把握したら、小休止やもみ合いの形を見るようにしてください。もみ合いがわかると、どのあたりでブレイクするかなどの予測ができるようになります。**結果として、トレンドを見極めることにつながり、トレードの引き出しが増えていきます。

チャネルラインの３つの意味

　大局を把握するうえで有効なのが「チャネルライン」です。トレンドが発生すると、高値と安値が「一定の値幅をキープしている」ことが多く、それを視覚化できるのがチャネルラインです。トレンドラインだけ、アウトラインだけ、という引き方ではなく、トレンドラインとアウトラインをセットで引くやり方です。チャネルラインでは、次の点を意識します。

1．長さ
2．角度
3．値幅

　トレンドラインでも、短期/中期/長期の３本の引き方がありました。同じように、チャネルラインでも３つの見方をします。それぞれの意味合いは、次のようになります。

・長さ：トレンドの継続性→チャネルが長いほどトレンドが続いている
・角度：相場の勢い　　　　→ゆるやかな角度ほど長く続く
・値幅：トレンドの大きさ→値幅が大きいと大きなトレンド

　図3-17を見てください。

図 3-17　角度によって強弱が違う

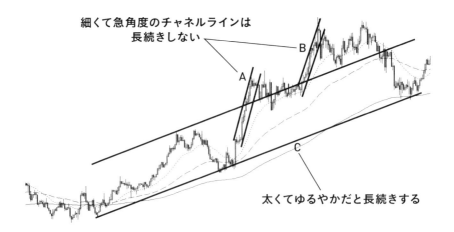

　AとBのチャネルラインは細くて急角度なので、トレンドは一過性に終わっています。高値をブレイクするときのI波動というイメージです。一方、Cのチャネルラインは、太くてゆるやかな角度で、チャネルの幅も広

いです。これはトレンドが継続する条件を３つとも満たしており、この相場の流れはCのチャネル幅で見ていくとわかりやすいです。

　移動平均線とチャネルラインの傾きを見てみると、Cのチャネルラインは、200EMAと並行していることがわかります。**トレンドラインと同じく、200EMAに沿っているため、相場の方向性を正しく示していることになります。**

　また、チャネルラインを「木」としてとらえるとさらにわかりやすくなります。Cのチャネルラインが、地面に根づいた１本の太い幹だとイメージしてみてください。木の主軸となり、そこから細い枝を出します。AやBが、枝になります。どんな木でも、幹から枝が出ますが、長すぎると垂れたり、力が加わったりすると折れます。幹が太いと高さも出て、枝も長くなります。同じ種類の木はたくさんありますが、まったく同じ枝のつき方をしている木はないのではないでしょうか。チャネルラインも同じで、似たようなトレンドはあります。しかし、まったく同じ長さ／角度／値幅のチャネルラインはありません。相場に応じて、微妙に異なります。また、AやBのような枝となるチャネルラインは、まったく違う様相になります。木でいうと、育つ気候や土質など、環境が違えば枝も変わるということです。

チャネルラインの３つの引き方

　チャネルラインの３つの引き方を説明します。その名の通り「ライン」なので、ネックラインにもなります。ネックラインは、水平だけでなく、相場によっては斜めになるのです。トレンドラインやアウトラインを引くと、ラインは平行した２本になりますが、このラインが果たす役割は、他のラインと同じです。

　ただ、トレンドラインやアウトラインよりも、チャネルラインは引きにくいと感じるかもしれません。理由は、ラインが２本あるからです。トレンドラインは１本なので、安値同士（上昇トレンドの場合）を結ぶだけで引けます。チャネルラインの場合、安値同士だけでなく、高値も平行に引

かなければならないため、高値側と安値側の両方がピッタリにタッチする箇所が、いつも存在するわけではなく、難しいと感じるのです。図3-18を見てください。

図 3-18　高値側と安値側の山がピッタリにタッチする箇所で引く

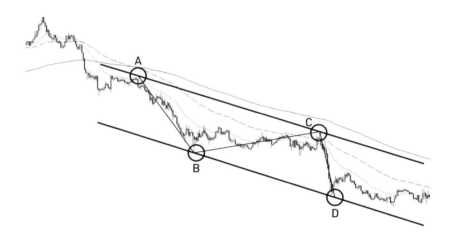

　このチャートは、A→B→C→Dという流れがきれいに出ています。高値も安値も、チャネルラインをはみ出すことなく機能しています。実際には、いつもこのようなチャネルラインが引けるわけではありません。最初に引いてみたチャネルラインから後々はみ出すことは多々あるので、チャネルを複製して2倍、3倍と値幅を取るなどの応用する必要があります。逆に、きれいなチャネルラインが出ているときは、トレードしやすい場面ということになります。

　チャネルラインを引いて、高値は合っても安値はズレている、といったことはたくさんあります。引いたチャネルラインに違和感があったら、角度を変えて引き直したり、高値の起点を変えたりしてみるなど、消しては引き直す作業を繰り返します。コツは、トレンドラインと同じように、3

本の移動平均線に沿って引くことです。図3-19を見てください。

このチャートは、EUR/USDの15分足です。ローソク足が少しつぶれて見えるかもしれませんが、トレンドの長さを強調するため、チャートを縮小して長い期間を表示しています。チャートの左端から右端までの期間は2週間です。Aからトレンドが発生したため、まずは25EMAに沿ったトレンドラインを引きます。次に、安値側にアウトラインを引きます。トレンドは、25EMAと75EMAに乗っていきますが、チャネルラインでも同じです。25EMAの角度に合わせたチャネルラインの値幅をキープし、トレンドが出はじめます。ただ、25EMAに合わせると急角度になるため、長続きはしません。

引くときのコツは、トレンドラインを75EMAよりも外側に持ってくるようにすることです。25EMAに合わせているので、75EMAや200EMAと平行しているのは変ですよね。25EMAと平行に引くようにします。そうすると、「このチャネルラインのこの角度で」トレンドが進んでいる、と把握できます。エントリーポイントを見つけるというより、流

れを見るために引くと考えてください。

Bで、チャネルラインを上抜けています。次に、75EMAに沿ったチャネルラインを引き直します。図3-20を見てください。

図 3-20 75EMAに沿ってチャネルラインを引き直す

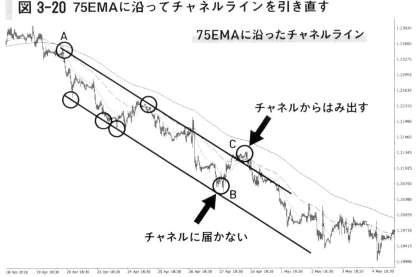

一見、25EMAと似ているように見えますが、移動平均線の動きを見てください。Aから引いたトレンドラインが、75EMAと200EMAの間を走っています。25EMAのチャネルラインと比べると、角度がゆるやかで、チャネルが長いことがわかるかと思います。チャネルの最初のほうでは、安値側と高値側の両方ともチャネルラインにタッチしています。この相場は、「この角度で進んでいますよ」ということを示しています。そうすると、この先も、このチャネル幅をキープして進む可能性が高くなります。ちなみに、25EMAでは角度が急すぎたので、安値側（アウトライン）は、タッチしていませんでした。

Bでは、安値更新しているにもかかわらず、チャネル下限に届いていません。これは、徐々に、トレンドの勢いが弱まっていることを示唆してい

ます。その証拠に、Cではチャネル上限をはみ出しています。「この角度
ではきつくなってきた」ということを示唆しているのです。ただし、Cで
は直近の高値を上抜けていないので、トレンド終了にはなりません。ここ
が重要です。Cは、「トレンド回帰するならここから」、逆に「ここを上抜
けたらトレンドが否定される」というポイントです。今回はトレンドに回
帰しましたが、Cでチャネルラインを上抜けているので、これまでと同
じ75EMAの波ではありません。そこで、次に200EMAに沿ったチャネル
ラインに引き直します。図3-21を見てください。

図 3-21 200EMAに沿ってチャネルラインを引き直す

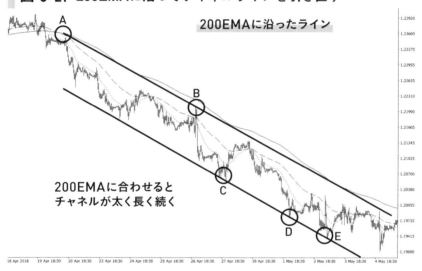

　Aの起点は、これまでと同じです。トレンドラインをBに合わせると、
200EMAに沿ったチャネルになります。チャネル下限を見ても、C、D、
Eの順番にきれいにタッチしています。チャネル幅も太く、角度もゆるや
かで長く続いています。25EMAの角度からはじまったチャネルライン
は、最終的に200EMAの角度になりました。これは、移動平均線と同じ見
方です。
　このチャートは、すでにローソク足が形成されたあとづけのチャート

に引いています。実際のトレードでも、トレンドラインと同様に、大局は200EMAの角度でチャネル幅が進むととらえてください。短期の流れを見るときは25EMA、次に75EMA、200EMAという順番です。チャネルの太さ、角度、長さを見るようにしていきましょう。

　トレンドの最初からピッタリと機能するチャネルラインを引くのではなく、何回か引き直しながら、流れを把握するようにしてください。25EMA、75EMA、200EMAの３本のチャネルを引きましたが、高値側、安値側の両方とも、ローソク足がラインにタッチすることは珍しいといえます。高値側が合っているが安値側はチャネルからはみ出しているなど、応用する必要があります。チャネルラインだけでトレードしようとすると、「チャネルラインが合わない……」となるので、加えて水平ラインを引くなど、ラインを組み合わせるようにするのが基本です。

　ただ、基本となるのは、25EMA・75EMA・200EMAの角度に沿う３つの引き方です。３という数字が大事だとこれまでも述べましたが、チャネルラインを引くときも「３」は当てはまるので、どんどんチャネルラインを引いてチャート分析してください。

アウトラインから引いてもいい

　チャネルラインを引くときは、トレンドラインから引くのが基本です。下降トレンドの場合、ローソク足の高値側にトレンドラインを引いたあと、安値側に平行してアウトラインを引いていきます。ただ、そのチャネルがしっくりこないこともあります。そのようなときは、アウトラインから引いてみるとうまくいく場合もあります。図3-22を見てください。

146

図 3-22 ラインを引く順番を変えてみる

　最初にAとBを結んでアウトラインを引き、次に平行したラインとして下降トレンドラインを引きます。そうすると、Cでローソク足がぶつかりました。移動平均線をチェックすると、75EMAに沿ったチャネルラインになっています。トレンドラインとアウトラインのどちらから引いても、同じチャネルということです。また、25EMAに乗ってスタートしたトレンドが、Cで75EMAにぶつかりました。トレンドは、25EMAと75EMAに乗っていくので、Cは「下げるならここから」というポイントです。もし、Cを上抜けてしまうと200EMAに到達し、今度は下げにくくなります。

　このように、これからトレンド回帰して大きく下落するなら、Cが最後の壁になります。ただ、この壁に気づくことができれば、実際のトレードで、「もしかしたらここから下げるかもしれない」「下げたら安値更新するから、値幅達成するためにここまで進む」というイメージがわいてきます。上位足のトレンドは、この時点で先にチェックしているのが望ましいですが、まだチェックしていなければ、日足、4時間足、1時間足は見るようにしてください。上位足に対しトレンドフォローになるのか、それとも

押し目をつけるために下げる、逆張りになるのかを常に把握するようにしましょう。

次に、ネックラインを引いて確度を高めていきます。図3-23を見てください。

図 3-23 ネックラインを引いて確度を高める

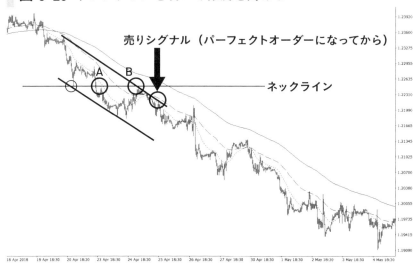

チャートの左側の直近の安値に水平ラインを引くと、A→Bの順番でネックラインが引けます。特にAはロールリバーサルをしていて、強いレジスタンスラインになっており、ここからトレンドが強まっていることがわかります。そのため、Aと同じ価格帯のBでも売り圧力は強いと想定できます。さらに、ここで先ほど引いたチャネルラインの上限がぶつかるため、Bは相当強いレジスタンス帯と確信がもてることになります。そうすると、Bで反落すれば、下落トレンドに回帰する可能性が高いと判断できます。ただし、Bにぶつかった時点では、下げるかどうかはわかりません。また、ローソク足が、25EMAと75EMAより上にきているので、パーフェクトオーダーでもありません。そのまま移動平均線にはさまれて、レンジに移行する可能性もあります。そのため、Bにぶつかったらす

ぐに売りエントリーするのではなく、パーフェクトオーダーになるのを待ったほうがいいでしょう。Bで反落を期待して売るのではなく、反落したという事実を確認してから、売りエントリーをするのです。利幅は小さくなりますが、反落するのを待ってからエントリーしたほうが、損切りの数は大幅に減ります。

　仮に逆行した場合、損切り幅は大きくなりますが、下がる確率と損切りになる確率を考えると、反落の事実を確認してからエントリーするほうが、トータルで稼げる利益は驚くほど多くなります。もし、パーフェクトオーダーを継続しつつ、Bのようにチャネルラインとネックラインが重なったポイントまで戻したら、売りシグナルになるので、強気にエントリーしてもいいでしょう。今回は、移動平均線が売りシグナルではなかったので、反落してパーフェクトオーダーまで待ったということです。これは相場に合わせ、判断をします。

　では、利益確定のポイントを図3-24で見てください。

図 3-24 利益確定ポイントの見極め方①

　CDが第1波で、EFが同じ値幅です。値幅観測でいうと、E計算が出

ています。つまり、A＝Bです。Aの値幅がちょうど100pipsなので、エントリーから値幅達成のFまでホールドすると、60pipsの利幅になります。図3-25を見てください。

図 3-25 利益確定ポイントの見極め方②

　ネックラインから下落し、パーフェクトオーダーになるのを確認してからエントリーしました。ポジションホールドは9時間（日本時間で12：00～21：00）で、利幅は60pipsです。トレンドはN波動を描く、というイメージができていれば、誰にでもできるトレードです。

　デイトレードのエントリーシグナルは、**パーフェクトオーダーとネックラインの組み合わせでした。それに加え、相場に合わせたラインを組み合わせると、さらに確度が上がります。**ラインはいろいろな引き方があり、角度や起点によって相場の見方が変わります。そのため、同じ相場でも、私とトレードポイントが同じになるわけではありません。もちろん下降トレンドのときは、ショートするという戦略は同じでしょうが、どこでエントリーするかは別になります。これはトレンドさえ発生していれば、

勝てるポイントはたくさんあるという裏返しでもあります。ここでエントリーしなければ駄目というものではありません。日々ラインをたくさん引き、エントリーポイントを見つける練習をしてください。

カウンタートレンドライン

これまで説明したラインの引き方は、トレンド方向に沿って引く形でした。移動平均線と同じ角度で引くと、トレンドラインが引けました。デイトレード手法のシグナルはトレンドフォローなので、トレンド方向へ引くことが基本になります。

次に、トレンドとは逆の方向へ引くラインも把握しておきましょう。図3-26を見てください。

図 3-26 カウンタートレンドライン

まず、大局を示すチャネルラインがあります。そして、下降トレンドに対し、逆向きとなる上向きの小さなラインA、B、C、D、Eがあります。このラインを「カウンタートレンドライン」といいます。トレンドに対し、

カウンター（逆）のラインという意味です。

カウンタートレンドラインを引くと、トレンド回帰する波がわかります。トレンドはN字を描きますが、一時的に反転するとき、意味なく戻りをつけているわけではありません。戻るにしても、高値と安値を切り上げ、「ここから下げる」というポイントまで上昇していきます。小さな上昇トレンドというイメージです。上昇トレンドだと安値を切り上げるので、安値を結んでトレンドラインが引けます。それが、カウンタートレンドラインになります。小さな上昇トレンドなのですが、大きな波は下降トレンドなので、カウンタートレンドラインになるというわけです。

引くコツとしては、すべて同じ角度のラインにすることです。A、B、C、D、Eはすべて同じ角度のカウンタートレンドラインです。同じ角度にすることで、戻りの波と、戻りを下抜けて下降トレンドに回帰するポイントがわかるようになります。相場の波はトレンドごとに違いますが、トレンドが継続している間は、「同じような戻り方」「同じようなトレンド回帰のしかた」になります。N波動を考えればわかると思いますが、Nの字を描く段階で、値動きが突然変わることはありません。経済指標発表時や天井圏、底値圏ではいびつな形をすることはありますが、普段の相場でおかしなローソク足になることは稀です。カウンタートレンドラインも同じで、そのトレンドが続く限り同じ波が続くので、同じ角度のラインが引けます。逆に、カウンタートレンドラインの角度が変わるということは、戻りの波が変わったことになります。そうすると、新しい売買圧力が加わりはじめたなど、トレンドの波が変わることを意味します。

カウンタートレンドラインが引けるようになると、トレンド方向に引くライン（トレンドラインやチャネルライン）だけのときに比べ、より売買根拠を見つけやすくなります。**トレンド側だけでなく、逆方向からも相場を見ることによって、見落としや勘違いを減らすことができ、トレードの確度が大幅に上がります。**私は、トレンドラインとカウンタートレンドラインの両方が引けるようになってから、チャート分析がうまくできるようになりました。トレンドラインだけでは把握できなかった相場の流れが、カウンタートレンドラインを引くことでわかるようになったから

です。

　もう一度、図3-26を見てください。下降チャネルラインを見たあと、カウンタートレンドラインA、B、C、D、Eを見ると、相場は斜めに進んでいることがよくわかるのではないでしょうか。仮に、Aの地点からボールを転がすと、B（カウンタートレンドライン）の坂を上って、ストンとCまで落ちます。Cの坂を何とか上りきると、今度はDに落ちていくイメージです。スピードは、上がるときはゆっくりで、落ちるときはあっという間ですが、相場も同じようなものです。先に、上昇トレンドよりも下降トレンドのほうが得意だと述べたのも、このようなイメージを描きやすいからです。下降トレンドの場合はボールを転がすイメージですが、上昇トレンドの場合は人が坂や階段を上っていくイメージです。

　MT4での引き方は、チャネルラインを複製する方法と同じです。図3-27を見てください。

図 3-27　カウンタートレンドラインの引き方

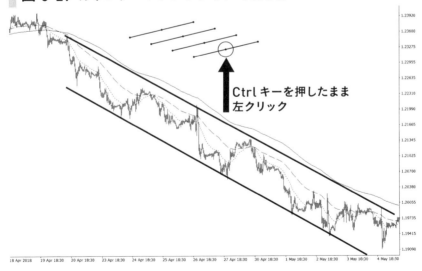

　最初のカウンタートレンドラインを引き、ラインの真ん中で「Ctrlキーを押しながら左クリック」を押してください。カウンタートレンドライン

は、何本も使うので、何回かクリックして先にラインをつくっておき、チャート上に準備しておくといいでしょう。そうすれば、すぐに移動できます。

カウンターチャネルライン

次は、カウンターチャネルラインです。まず、通常のチャネルラインを振り返ります。図3-28を見てください。

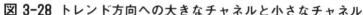

図 3-28 トレンド方向への大きなチャネルと小さなチャネル

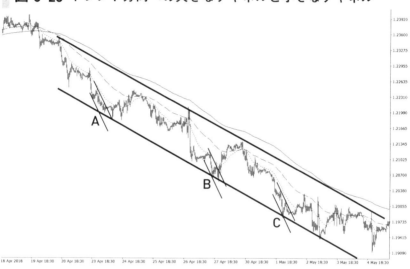

大きなチャネルラインがあり、そのなかにA、B、Cの小さなチャネルがあります。A、B、Cはすべて同じ角度になります。Aを引いたら複製し、BやCに移動すればいいでしょう。安値更新をして下値を伸ばすとき、似たような値動きになるということです。A、B、Cは25EMAに沿った急角度のチャネルで、チャネル幅が狭いため、トレンドは長続きしません。これが、トレンド方向に対して引くチャネルラインです。

カウンターチャネルラインを引くので、図3-29を見てください。

154

図 3-29 カウンターチャネルラインの引き方

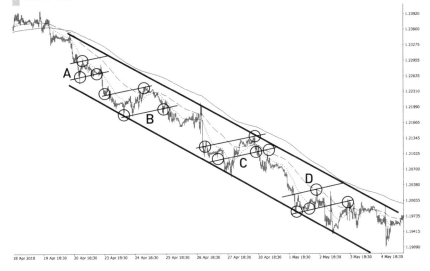

　A、B、C、Dがカウンターチャネルラインで、考え方や引き方はカウンタートレンドラインと同じです。丸をつけたポイントが、反発や反落など何かしら反応しており、機能していることがわかります。引き方は、カウンタートレンドラインを引いたら、複製して高値側に移動するだけです。最初からチャネルラインを引けばいいと思うかもしれませんが、カウンターチャネルラインは（チャネルラインと同じように）、最初から引こうとすると意外と難しいものです。理由は、カウンターチャネルラインの場合、チャネルの長さが圧倒的に短いからです。トレンド方向に引くチャネルラインは、チャートの左端から右端まで、画面いっぱいに引きますが、これは何となく高値と安値を結べば引くことはできます。また、200EMAなど、移動平均線の角度に合わせれば引けてしまいます。しかし、カウンターチャネルラインの場合は基準となる移動平均線がなく、チャート上の一部分で引いていくことになるので、引いていると違和感があったりします。チャネルラインを引こうとすると、どうしてもチャネル幅を決めようとしてしまう点もあります。
　そのため、最初からカウンターチャネルラインを出すのではなく、カウ

ンタートレンドラインを引いて角度を決めたら、そのラインをどんどん複製しましょう。「チャネルはどこだ？」などとは考えずに、複製したラインをいろいろな高値側と安値側に移動していると、自然とカウンターチャネルラインになります。こうすることで、カウンターチャネルラインだけでなく、カウンタートレンドラインとカウンターチャネルラインがセットで引けるようになります。

カウンターラインは急角度にしない

　カウンターラインを引くとき、ラインが急角度にならないように注意してください。角度が急になると、まだ戻りをつけているうちに、カウンターラインをローソク足がはみ出たりします。そうなると、戻りの流れを把握する意味がありません。たとえば、トレンド方向に引くチャネルラインで、25EMAのような角度で引く場合はすぐにはみ出しますが、それと同じです。一番ゆるやかな角度である、200EMAに沿うようなイメージでカウンタートレンド/チャネルラインも引くようにしてください。トレンド方向に引く200EMAに沿ったチャネルラインだと、「これを抜けたらトレンドが終了」というイメージですよね。それと同じで、**ゆるやかなカウンターチャネルラインだと、「これを抜けたらトレンド回帰」という見方ができます。**

　図3-29をもう一度見てください。A、B、C、Dは、どれも角度がゆるやかなチャネルラインです。Aを下抜けたらトレンド回帰していますね。B、C、Dも同じです。「ここを抜けたら下に走るだろうな」というネックラインを引くイメージです。「ここが重要」という節目を意識していると、ラインはゆるやかになります。

カウンターチャネルラインは水平だとレンジ幅

　カウンターチャネルラインは、右肩上がりだけでなく、水平に引くこともできます。図3-30を見てください。

156

図 3-30 カウンターチャネルラインは水平にも引ける

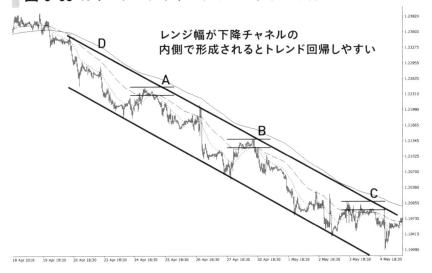

　ABCが、カウンターチャネルラインですが、すべて水平です。水平チャネルでレンジ幅を把握する見方は、これまでと同じです。引くときのポイントは、Dという大局のチャネルラインのなかですることです。この大局の下降チャネルラインを上抜けてしまうと、戻りが強いことになり、下降トレンドに回帰できなくなります。その場合、ローソク足が200EMAに近づくかタッチするので、25EMAと75EMAに乗っていくトレンドからは逸脱します。トレンドとしての理想は、レンジ幅を形成してDのチャネル上限にぶつかったとき、一気にトレンド回帰するイメージです。

　つまり、**カウンターチャネルがDのチャネルラインより内側にできるか、それとも外側にできるかによって、相場環境は大きく異なる**ということです。Dのチャネル内側でレンジ幅が取れれば、下降トレンド回帰する確率は高まります。戻りをつけてもみ合っているときに、下降チャネルラインという壁にぶつかり、下降トレンドの波に飲み込まれていくからです。一方、Dのチャネル上限の外側でレンジ幅が形成されるとなると、下降トレンドはいったん終了になる確率が高まります。そうなると、本当のレンジ相場に移行という判断になります。水平チャネルラインだけで

なく、右肩上がりのカウンタートレンドライン、カウンターチャネルラインも、大局の下降チャネルラインの内側で形成することがポイントです。
　では、2回目のトレードがどこでできるか、エントリーからイグジットまで戦略を立ててみます。図3-31を見てください。

図 3-31　下降チャネルライン内でのエントリーからイグジット

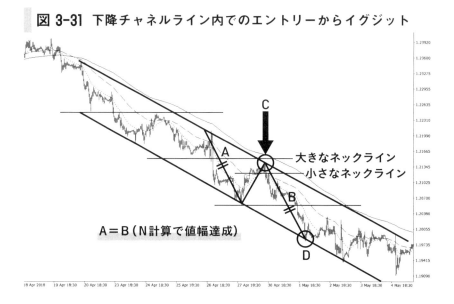

ここでのトレードは、次のようになります。

C がエントリーシグナル
D がイグジットポイント

　先に値幅観測をすると、Aが第1波で、Bが次の波になります。N計算でA＝Bになるのと、チャネルラインの下限にタッチするので、Dは絶好のイグジットポイントと判断できます。エントリーシグナルは、Cで大きなネックラインにあたり、S波動を醸し出しているときです。下降チャネルラインにもぶつかっているため、「下降トレンド回帰するならここ」というポイントです。実際のエントリーは、Cで反落した事実を確認

し、すぐ下にある「小さなネックライン」を下抜けたしたときがいいで
しょう。図3-30ではBのポイントです。下降チャネルラインの内側で水平
チャネルを下抜けたときです。そして、重要なパーフェクトオーダーが出
はじめていますね。下がる根拠がいくつも重なっています。

　2回目のトレード根拠は、次のようになります。

【 エントリー 】
・下降チャネルラインにタッチ
・大きなネックライン（水平ライン）でS波動
・小さなネックライン（＝水平カウンターチャネルライン）下抜け
・パーフェクトオーダー

【 イグジット 】
・N計算で値幅達成
・チャネルライン下限にタッチ

　利幅は、CからDまで120pips、ホールド時間は27時間（19：00 ～翌日
22：00）になります。翌日まで持ち越すことになりますが、非常に大きな
利幅を稼ぐことができます。ここまでホールドするのは無理だと感じる
かもしれませんが、主観を入れずにチャートで判断すれば、必ずできるよ
うになります。
　CからDまでのローソク足と移動平均線を見てください。完全に
25EMAと75EMAに乗っています。途中、一度だけ75EMAに近づきまし
たが、ポジションが含み損になったわけでもなく、75EMAを上抜けた
わけでもありません。このようなちょっとした戻りはありますが、トレン
ドが否定されない限り、ポジションはホールドするようにしてください。
少し戻ったとき、「これはトレンド終了か？」「含み益がなくなるのは嫌
だ！」という雑念が入り込むかもしれませんが、ここが踏ん張りどころで
す。**相場には揺り戻しがあります。含み益が減ることなく、一方向へ一気**

に進むことはないと考えてください。必ず含み益は増えたり減ったりしますが、それを繰り返しながら徐々に含み益が増えていきます。チャートで判断すれば、25EMAと75EMAに乗って下落しているので、まさに下げている最中です。その途中で決済してしまうのは、非常にもったいないことなので、このようにトレード根拠が多く重なっている相場では、ぜひ大きく取るようにしてください。

ただ、それでも持ち越すのが不安な場合があるかと思います。そのようなときは安値ブレイクを待たず、安値にタッチしたときに利益確定をしてもいいでしょう。図3-32を見てください。

図 3-32 安値にタッチしたときにイグジット

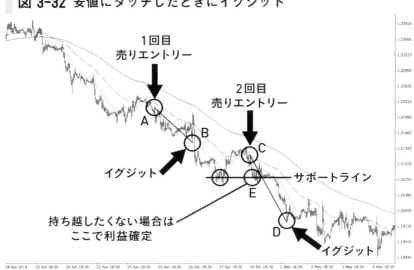

エントリーは同じCですが、利益確定はEになります。Eはサポートラインにぶつかり、いったん反発して戻りをつけるために上昇するポイントです。含み益が一時的に減る場面なので、利益確定をしてもいいということです。Eでイグジットをすると、利幅は40pips、ホールド時間は4時間になります。ヨーロッパタイムの後半（19：00）にエントリーし、ニューヨークタイムの前半（23：00）に利益確定するトレードです。

N波動の最大値幅を狙うなら持ち越しをしてもいいでしょうし、持ち越さずに利益にしておきたいなら、利益確定してノーポジションにしてもいいですね。エントリーは同じでも、イグジットが違うパターンです。

迷ったときは7つのラインを帯状に引く

ラインを引くとき、ローソク足のヒゲと実体の、どちらを起点にしたらいいか迷うことがあるかと思います。迷う場面では、ラインをピンポイントの価格で見るのではなく、帯状にしてみると迷いが減ることは述べました。これは、ネックラインに限らず、7つのラインすべてにおいて同じことがいえます。

・サポートライン
・レジスタンスライン
・トレンドライン
・アウトライン
・チャネルライン
・カウンタートレンドライン
・カウンターチャネルライン

水平や斜めなどラインの種類に関係なく、「だいたいこの価格帯」として引くと、視野が狭くならずにすみます。ピッタリとぶつかるポイントを見つけるより、おおよそのネックとなる価格帯を把握するのです。特に、時間軸が長くなるほどラインのズレは大きな価格差になります。少しラインの角度が変わるだけで、数十pipsは変わるので、どの引き方でトレードしたらいいのか、本当に迷います。このようなときは、「だいたいこの角度がトレンドライン」という引き方をしてみるということです。

ただし、大雑把に引くのはあくまでも大局を把握するためです。大局を把握したら、徐々に細かいラインを引いていき、エントリーとイグジットポイントまで微調整していくイメージが理想的です。**最初からピンポイ**

ントのラインを引くのは難しいので、正確でなくてもいいのでまずは引いてみて、少しずつ調整していく、というとらえ方をしてください。

Strongest FX 15 minute day trade

チャートパターンは
戦略を教えてくれる
集団心理

12

Chapter

3

トレード戦略を立てる「具体的なプロセス」

「チャートパターン」とは、何十本や何百本ものローソク足が連なって、特定の形ができることです。「決まったパターンのローソク足の集合体」と理解すればいいでしょう。これまでに説明してきたものでは、図3-30のA、B、Cがチャネルラインのレンジ幅を形成しています。大きさは小さいですが、これもレンジ相場のチャートパターンです。また、図3-16のY波動やP波動も、チャートパターンです。

もっとも重要な3つのチャートパターン

チャートパターンができる理由は、投資家たちの「投資心理」が影響しています。通貨ペアは、人間が売買して価格変動が起きます。最近では、機関投資家のAIや高度なシステムを使った売買が盛んになっていますが、それを操っているのは、まぎれもなく人間です。売買は機械でも、売買戦略を立ててシステムに組み込むのは人間なのです。人間がかかわる以上、「トレンドが発生したらN波動が出る」「迷ったらレンジ相場になる」という値動きの根本は変わりません。相場によってトレンドの長さや値幅が変わるだけです。チャートパターンは、過去も、そして未来も同じように形成されると、私は考えています。そのため、**チャートパターンを見つけることができれば、ブレイクするポイントがわかる**ようになり、結果とし

163

て適切なエントリーができるようになるのです。

　チャートパターンの数は、そんなに多くありません。次の３種類が基本です。

1. ヘッド＆ショルダーズ
2. もち合い６種類
3. ダブルトップ型

　細かくいうと他にもパターンはありますが、この基本チャートパターンの３つから派生したものになります。このあとすべて説明しますが、基本を知っていれば大丈夫です。実践で使うことがないので、この３つを軸にしてください。ただ、この３つは切り離して考えることができません。見方によってはヘッド＆ショルダーズになったり、ダブルトップにもなったりします。３つを複合的にとらえる必要があるので、まとめて覚えてください。

ヘッド＆ショルダーズ

　ヘッド＆ショルダーズが出現するのは、相場の流れが変わるときです。上昇トレンドなら天井圏で、下降トレンドなら底値圏で見られるチャートパターンです（底値圏だと「ヘッド＆ショルダーズボトム」といいます）。図3-33を見てください。

図 3-33 上昇トレンドでのヘッド＆ショルダーズの形

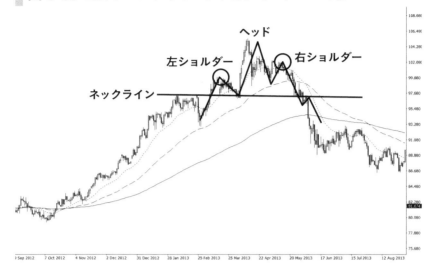

　上昇トレンドでヘッド＆ショルダーズが出ると、買い圧力が一服して相場の流れが変わり、レンジに移行するか下降トレンドになりやすい、というサインになります。レンジ相場のときは出現しないので、トレンド相場だけで見られるチャートパターンです。本書のデイトレード手法は、トレンド相場がトレードの土俵です。そのため、ヘッド＆ショルダーズは必ず押さえておくべきチャートパターンです。ポイントをまとめると、次の5つになります。

・「ヘッド」「ショルダー」「ネック」の3つから構成される
・ネックラインが重要
・ネックラインは水平とは限らない
・押し戻りの途中でできると信頼度が高い
・ヘッドとネックラインの2倍の値幅を出す

　名前の通り、ヘッド（頭）、ショルダーズ（両肩）、ネック（首）から構成されます。一番重要なのは、ネックラインです。ネックには「首」という意味

の他、「重要になる」という意味があります。ヘッド＆ショルダーズでいう
ネックラインは、「首」という意味ですが、本書でデイトレード手法を学ぶ
みなさんは、ヘッド＆ショルダーズでのネックラインは「重要なライン」
「節目となる価格帯」として考えてください。

　ネックラインがなぜ重要かというと、安値を更新するからです。もう一
度、図3-33を見てください。ヘッドが最高値、右ショルダーが2番目の高
値になりますね。次に高値を切り下げるとなると、直近のサポート帯を下
抜けることになります。そのサポート帯が、ネックラインというわけで
す。このサポート帯を下抜けると、「上昇トレンド回帰に失敗した」という
事実が確定するため、強気相場の熱が急激に冷めることになります。ま
た、移動平均線も、ネックラインで反発するのか、下抜けるのかにより、環
境が大きく異なります。図3-33のように、ネックラインを下抜けると
200EMAに到達します。ここでトレンド回帰しないと上昇できない、と
いうのがポイントです。トレンドは25EMAと75EMAに乗っていくの
で、まさにトレンドが否定されるわけです。

■ ショルダーとネックは区別しなくてよい

　ヘッド、ショルダー、ネックの3つは、いつも明確に出るわけではあり
ません。誰が見てもヘッド＆ショルダーズとわかるなら苦労しません。し
かし実際には、ヘッド、ショルダー、ネックの形はさまざまです。たとえ
ば、左右のショルダーが斜めにずれていたり（図3-33のように右肩上が
り）、右肩がないままネックラインが出たり、などです。そのため、きれい
なヘッド＆ショルダーズを見つけようとしないほうがいいでしょう。コ
ツは、ショルダーとネックを区別しないことです。ショルダー同士を結ぶ
と、それが（重要なラインという意味での）ネックラインになるので、ネッ
クラインを何本も引くつもりでいいと思います。「これはショルダー」「こ
れはネックライン」と分けると、「ショルダーがあるのにネックがない」と
いうことになり、混乱します。実は、そのショルダーがネックラインだっ
たりします。図3-34を見てください。

図 3-34 どちらもネック（重要）となるライン＝ネックライン

　節目となる価格帯にラインを２本引きましたが、ショルダーとネックに分けられます。ただ、ショルダーも見方によってはネックラインですし、ショルダーだから機能しないということはありません。何度もショルダーの価格帯で反発し、下抜けていますよね。これは、ネックライン（重要なライン）といえます。

　最高値になるヘッドは明瞭ですが、ショルダーとネックは区別しようとせず、どこが重要な価格帯なのかを把握するだけでいいでしょう。重要な価格帯がわかればトレードはできます。逆に、「これはショルダーではない」「ネックラインではない」という見方をしていると、適切な戦略が立てられなくなります。トレードで勝つためには、チャートパターンの名前を覚えるのが目的ではありません。「上昇するならここから」「ここを下抜けると上昇トレンド終了」という肝となるネックラインを引ければ問題ないでしょう。

斜めのヘッド＆ショルダーズを引けるようにしよう

　相場は斜めに進んでいきます。上昇トレンドなら高値と安値を徐々に切り上げていきます。トレンドラインやチャネルラインが斜めに引けるのも、相場が斜めに進むためです。逆に、斜めに引けなければ相場の流れはわかりません。斜めのラインに、水平ラインを組み合わせるなどして、根拠が重なるポイントを見つけます。

　ヘッド＆ショルダーズも同じで、ショルダーのラインとネックラインは斜めになることが多いです。図3-34のショルダーとネックラインは2本とも水平でした。いわば、水平のサポートラインやレジスタンスラインのようなものです。そして、斜めに引くショルダーのラインとネックラインが、トレンドラインやチャネルラインのようなイメージです。図3-35を見てください。

図 3-35　斜めに引くショルダーラインとネックライン

　これは、上昇チャネルラインを引いています。これまでの引き方と唯一異なるのが、チャネルからヘッドが出ていることです。ヘッドを出すと、

左ショルダーと右ショルダーに見えますよね。これが、斜めのヘッド＆ショルダーズです。「チャネルラインでいいのではないか？」と感じるかもしれませんが、考え方が少し違います。最初からチャネルラインを引こうとすると、安値と高値がチャネルラインからはみ出さないように意識して線を引くことになると思います。そうすると、アウトラインが合わないケースが出てくるのです。

　一方、ヘッド＆ショルダーズのチャネルは、ヘッドを出す形になります。上昇トレンドの場合、最高値がヘッドになります。ヘッドは最高値をつけるときの最後の買い圧力だと考えてください。買いが強いと、車がハイスピードなほどブレーキが効くのに長い制動距離が必要になるのと同じように、往々にしてラインをオーバーします。それが、ヘッドになるということです。**チャネルラインを引くときに、ヘッドを出すという選択肢も頭のなかに入れておくと、トレードの引き出しが増えるので、**おすすめです。今回のように、チャネルラインからヘッドがはみ出したとしても、左右の高値がピッタリはまるとき、ショルダーという認識ができるようになります。チャネルラインからローソク足がはみ出しているからといって、チャネルラインが間違っているのではないのです。

　ちなみに、水平のネックライン（図3-34ではショルダーになる）を引くと、Aが重要なポイントだとわかります。少なくとも、次の3つの根拠が重なります。

・斜めのヘッド＆ショルダーズのネックラインを下抜け
・水平のネックラインを下抜け
・25EMA と75EMA を下抜け

　斜めにヘッド＆ショルダーズを引いてみることで、図3-34のようにヘッド＆ショルダーズを水平に見ているよりも、相場の流れが変わるタイミングを、早く見つけることができます。もちろん水平に見るほうが有効なときもありますが、水平だけでなく、斜めに見るなど多角的な視点も持ち合わせることが重要です。

なお、下降トレンドの底値圏で形成される場合、「ヘッド＆ショルダーズボトム」といいます。上昇トレンドの説明を逆に読み替えてください。

小休止のヘッド＆ショルダーズは信頼度が高い

ヘッド＆ショルダーズは、形成される場所や環境により、信頼度が大きく変わってきます。これまで説明したものは、上昇トレンドが終了するときの相場です。トレンドの流れの変化は、突然起こることはありません。高値をつけたらいきなり急降下はせずに、最高値をつけたあと、何度か高値にトライし、高値に近づくのが普通です。しかし、高値更新できずに落ちていき、右ショルダーを形成します。これが、ヘッド＆ショルダーズの一連のストーリーといえます。

そして、**ヘッド＆ショルダーズが、下降トレンドの戻り途中で形成されることがあり、このときは信頼度が急激に高まります。**ヘッド＆ショルダーズができるストーリーはこれまでと同じですが、相場環境が異なります。図3-36を見てください。下降トレンドの戻り途中になります。

図 3-36 戻り途中で形成されるヘッド＆ショルダーズ

これは、売りシグナルのポイントです。下降トレンドの戻り途中で、ヘッド＆ショルダーズが形成されました。ショルダーが重要な価格帯となり、ネックラインを形成しています。このように、トレンドの途中でヘッド＆ショルダーズができると、ネックラインを下抜けてトレンド回帰しやすくなります。下落しやすいチャートパターンが、下降トレンドの最中に出現したということです。下落する確率が高まるのが、自然な流れです。

　実際のトレードでは、どんな環境でヘッド＆ショルダーズが形成されたのか、必ずチェックするようにしてください。ヘッド＆ショルダーズがあるからといって、ネックラインを下抜けてすべて売りエントリーするのではなく、どれくらいの期待値があるか、どこまで利幅が稼げるかを試算するようにしましょう。そのためには、大局の把握やパーフェクトオーダーのチェックなどが欠かせません。環境認識をしたうえで、ヘッド＆ショルダーズを見つけると、トレード戦略を立てる引き出しになるというわけです。下降トレンドの戻りでできたヘッド＆ショルダーズが一番期待値が高い、と覚えてください。

もち合い6種類

　もち合いのチャートパターンは図3-35でも説明していますが、Y波動やP波動のように、トレンドのあとの小休止で形成されます。N波動の第1波が出たあとの、押し戻しのローソク足に該当します。もち合いのあとのブレイクが、トレンド方向か、それとも逆方向かにより、相場の流れが変わります。そのため、もち合いのチャートパターンを把握すれば、エントリーポイントが絞れるようになります。

　もち合いのチャートパターンは、「トレンド回帰型」「トレンド転換型」の2つです。この2つの型に、それぞれ3つの種類があるので、合計6個のチャートパターンになります。

1．トレンド回帰型→ペナント、フラッグ、ウェッジ
2．トレンド転換型→ソーサー、ライン、スパイク

　トレンド回帰型は、小休止でこのチャートパターンが出ると、文字通りトレンド回帰を示唆します。図3-37を見てください。

図 3-37　トレンド回帰型３種類

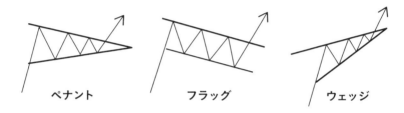

　たとえば上昇トレンドのとき、第１波が出たあと、もみ合いでペナント（P波動のことです）の形になると、トレンド回帰しやすい、つまり上にブレイクしやすいといわれます。ただし、ペナントが出たからといって、すべてトレンド回帰するわけではありません。下にブレイクし、トレンドが続かない場合もあります。そのため、トレンド回帰型という名前はあまり気にせず、「もみ合っている」と認識できればいいでしょう。どちらにブレイクするか、先入観を入れずにチェックするようにしてください。フラッグやウェッジも、高値と安値の切り上げと切り下げが少し違うだけで、もみ合いのチャートパターンです。

　次に、トレンド転換型の３種類を図3-38で見てください。

図 3-38 トレンド転換型3種類

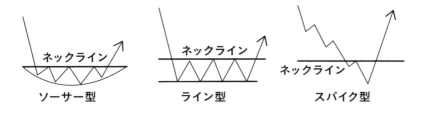

　トレンド転換型は、たとえば下降トレンドのとき、ソーサー型が底値圏で形成されると、下降トレンド回帰するよりも、上に行きやすいことを示唆します。ネックラインを上にブレイクして流れが反転しやすいということです。ただし、トレンド回帰型と同じように、すべてそうなるわけではありません。傾向があるというだけなので、どちらにブレイクするか観察していく必要があります。

　なお、このトレンド転換型の3種類にはネックラインがあります。チャートパターンの名前は気にせず、ネックラインをどちらにブレイクするのかをチェックするようにしてください。重要なのは、**チャートパターンを認識するのではなく、「最終的に相場がどちらに進むのか」**という点です。そのためには、**ネックラインさえ把握できればいい**でしょう。また、これらのチャートパターンは、形に特徴がないので、出現に気づかないことが多いと思います。仮に、スパイク型が出たとしても、それだけではエントリーポイントまで絞ることができません。それよりも、形が明瞭なヘッド＆ショルダーズや、このあと説明するダブルトップ型のほうが、戦略を立てやすいです。あくまでも、「ネックラインを見つける」という意味合いでとらえてください。

　これら3種類のチャートパターンは、下降トレンドの底値圏で形成されると、「ソーサーボトム」というように、「ボトム」がつきます。ラインなら「ラインボトム」、スパイクなら「スパイクボトム」といいます。ヘッド＆ショルダーズボトムと同じです。なお、ヘッド＆ショルダーズも、トレンド回帰型かトレンド転換型かの分類をするなら、トレンド転換型です。

ダブルトップ

ダブルトップも図2-39ですでに説明していますが、トレンド転換型のチャートパターンです。チャートを分析するときのコツは、ヘッド＆ショルダーズと同類だと考えてしまうことです。図3-39を見てください。

図 3-39 ダブルトップ

ダブルトップとは、高値が2つあるという意味です。ヘッド＆ショルダーズでいうと、ヘッドが2つあり、ショルダーがないだけです。ヘッド＆ショルダーズは、いろいろな形があると述べましたが、その1つがダブルトップ型です。**ここでも重要なのは、やはりネックラインです。ネックラインさえ認識できれば、エントリーポイントが絞れます。**

なお、高値圏で形成されると「ダブルトップ」と呼び、安値圏で形成されると「ダブルボトム」と呼びます。呼び方は、「ヘッド＆ショルダーズボトム」、「ソーサーボトム」と同じことです。

ダブルトップでも高値のつけ方で3種類あります。図3-40を見てください。

図 3-40　ダブルトップの高値のつけ方3種類

ダブルボトムの場合も、図3-41の3種類です。

図 3-41　ダブルボトムの安値のつけ方3種類

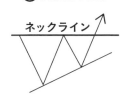

高値圏と安値圏はダブル型になる

　ダブルトップは、見方によってはヘッド＆ショルダーズになります。ダブルトップは山が2つですが、もう1つ加わって山が3つになれば、ヘッドとショルダーになります。ダブルトップとヘッド＆ショルダーズは、同類だと述べました。そして、相場が高値圏にあり、トレンドが転換するときは、往々にして高値が2つになります。つまり、ダブルトップになりやすいということです。

　なぜダブルトップになりやすいのか。そのプロセスは、ヘッド＆ショルダーズの右ショルダーと同じです。高値をつけたあと、また高値にトライするのですが、失敗に終わるからです。相場は、何度か高値にトライして、本当に駄目なときにトレンド転換をします。逆に、失敗するまで買い圧力

が続くということです。そのため、スパイク型のように急落するパターンは少なく、ダブルトップをつけてからトレンド転換するのが通常の動き方です。ダブルトップのつけ方が、高値切り上げか切り下げかは、そのときの相場によります。

これを知らないと、たとえば天井をつけたあと反落し、また上昇すると、「あれ、まだ上昇トレンドは続いている」と勘違いしてしまいます。もちろん上昇トレンドに回帰する可能性もありますが、「ダブルトップをつけにきた」可能性も高いです。その上昇が、本当に上昇トレンドの上げなのか、ダブルトップをつけるため（これから下げるため）の上げなのか、区別する必要があります。1つの視点だけでなく、いろいろな可能性を考えておくことが重要です。トレンドが長く、値幅も大きいほど、トレンド転換するときにダブルトップをつけてきます。

なお、山が1つの場合はシングルトップ、山が3つの場合はトリプルトップといいます（安値圏の場合はシングルボトム、トリプルボトムです）。実際はどれになるのかわかりませんが、ダブルトップを基本として覚えておくといいでしょう。仮に、ダブルトップと見越して負けトレードになったとしても、いつもシングルトップやトリプルトップを見越してトレードするよりも、信頼度はまったく高いものになります。**つまり、ダブルトップが一番形成されやすく、相場環境が把握しやすいということです。**なお、形が汚くてダブルトップが認識できない場合は、ライントップ（図3-38のライン型を上下逆にしたもの）やヘッド＆ショルダーズなど、他のチャートパターンになることが多いです。その場合は、何度も反発／反落しているネックラインが出現しているはずなので、まずは見つけるようにしてください。

ダブルトップに限らず、1つのチャートパターンに固執してチャートを見るのではなく、まずはネックラインを探すつもりで見るようにしてください。斜めのネックライン、そして水平のネックラインなど、いくつか根拠が重なるポイントを探しましょう。結果として、ダブルトップやヘッド＆ショルダーズなど、何かしらのチャートパターンになっています。そして、シグナルはパーフェクトオーダーを待ちます。

176

Chapter

4

「確度を上げる」ために
理解しておくべきこと

期待値のある
テクニカル根拠が２つ以上
そろったらエントリー

ポジションを持ちたがらないようにする

　売買シグナルは、「パーフェクトオーダーになる」「ネックラインにぶつかる」という２つのテクニカル根拠がそろったときに発生します。ただ、シグナルはわかっていても、実際にトレードすると、２つの根拠がそろうまで待つ、というルールを意外と守れないことに気づくはずです。ほとんどの場合、「パーフェクトオーダーになりそうだから」という期待で先走ってエントリーしたり、「これがネックラインになる」という都合のいい解釈をしたりして損切りするなど、悔しい場面に遭遇します。

　利益を出したい思いが強いと、局面に関係なく、ポジションを持ちたがってしまうことがよくあります。たとえば、21時からトレードを開始したとします。その日は、どの通貨ペアもボラティリティが低く、エントリーチャンスがないとしても、「せっかくチャートを見ているのだから、寝るまでに何としてでも利益を上げたい」というのが本心ではないでしょうか。そうすると、売買シグナルを待てずにエントリーしてしまうようになります。これは、根拠がないポイントでエントリーしてしまうことにもなり、損切りが多発します。一度損失を計上すると、なんとかその日のうちに取り返したい気持ちになり、さらに売買シグナルを待てなくなる……、一度でもこのような癖をつけてしまうと、毎日常に焦っている状

態になり、まともなトレードができません。

　あなたの目的は、売買をすることではなく、トレードで利益を上げることです。利益を上げるためには、売買シグナルが発生しないとき、じっと待つことも重要です。しかし、**本当に期待値が高いポイントは、頻繁にあるわけではありません。**チャートを見たときに、都合よく売買シグナルが発生することなど、毎日あることではありません。自分を中心に相場を見るのではなく、あくまでも相場の動きが中心です。マーケットは24時間動いていますが、どの時間帯にトレードするのかは、あなただけの都合です。そのため、チャンスがない相場なら、それを受け止めることも必要です。

　テクニカル根拠が2つ以上そろうまで、しっかりと待つことが大切です。トレンド相場で押し目や戻りを待ち、パーフェクトオーダーとネックラインを必ず把握するようにしてください。このプロセスを経ていれば、トレンド回帰してその方向へ進む確率は、間違いなく上がります。

イグジットの根拠は1つでもいい

　エントリーするときは、テクニカル根拠を2つ以上持ちますが、イグジットの場合は、根拠は1つで十分です。2つ以上の根拠がそろうまで待っていると、反転してしまうからです。イグジット根拠については Chapter 2 で説明しましたが、このうちの1つが実現したらいいでしょう。**1つでも値幅達成したら利益確定するのを基本とし、2つ以上の根拠が重なったら間違いなく利益確定する**、という考え方です。「何だか利益確定を急いでいる」「もっと伸ばすべきではないのか」という印象を受けるかもしれません。もちろん利益を伸ばしたい場合、もっとホールドしてもまったく問題ありません。1つの値幅達成で利益確定する考え方は、その日のうちにポジションを手仕舞いする、というデイトレードが前提になっているからです。エントリーする時間によっては翌日に持ち越すこともありますが、たとえそうだとしても、2日以上持ち越すことは、ほとんどありません。あくまでも、次の3つが根底にあるものと考えてください。

179

・15分足でトレードする
・ポジションホールドを長くしない
・数十 pips 〜 100pips くらいの利幅を狙う

　また、トレードしたポイントが、トレンドのどの部分かにもよります。上昇トレンドが発生したときの流れをイメージしてください。

上昇第1波 → 押し目 → 上昇第2波 → 押し目 → 上昇第3波
→ 値幅達成

　このような流れが出ます。トレードしたのが上昇第2波なら、そのあと押し目をつけて第3波まで上昇することが想定できます。仮に、上昇第2波の値幅達成で利益確定してしまうと、上昇第3波の値幅達成の半分くらいしか稼げないことになります。その場合、「利益確定しなければよかった……」と感じてしまうでしょう。仮に、利益を伸ばす場合、ポジションのうち半分を上昇第2波の値幅達成で利益確定し、残りの半分を上昇第3波の値幅達成まで伸ばすなどもできます(この方法はChapter 5で説明します)。

　また、上昇第2波の値幅達成した時間帯にもよります。仮に、上昇第2波の出はじめでエントリーした時間が17：00だとします。6時間ホールドして上昇第2波の値幅達成したら23：00です。利を伸ばすことよりも、その日のうちに手仕舞いし、確実に利益を残すという観点なら、全ポジションを利益確定していいでしょう。上昇第3波までは狙えませんが、トレード戦略は適切です。24時間相場に張りつけるわけではないので、次のようなことを総合的に考えるようにしましょう。

・どの時間帯にエントリーするか
・トレンドのどの部分でトレードするのか
・翌日に持ち越してもいいのか

イグジットをどこで行なうかに、正解はありません。エントリーも正解はありませんが、イグジットのほうがより裁量判断の度合いが高くなります。ただし、値幅達成というテクニカル的な根拠は必須です。裁量といっても、何となくの感覚でイグジットするのではありませんので、勘違いしないようにしてください。

エントリーよりイグジットのほうが難しい

あくまでも経験則ですが、イグジットはエントリーよりも難しいです。なぜかというと、イグジットは未来のことだからです。エントリーは、「トレンド回帰するならここから」「反転するならここから」というポイントを見つけています。エントリーする時点で、根拠を見つけて的を絞っています。エントリーしてもしなくてもいいなか、ここでエントリーするということは、それなりに自信があるからです。すでに出来上がったチャートから判断すればいいわけです。

一方イグジットは、これから起こることに対して、その場で判断しなければなりません。まだ出来上がっていないチャートに対して、イメージだけで「ここで値幅達成」という想定をしなければならないのです。

・エントリー：出来上がったチャートから判断する
・イグジット：出来上がっていないチャートをイメージする

どちらが簡単かというと、エントリーでしょう。目の前に見えているチャートから判断すればよく、チャート分析に時間を割くことも可能だからです。一方、イグジットはすべて想像の世界です。「こうなるだろう」というイメージに期待が入ってしまうと、「こうなってほしい」という願望に変わります。淡々とトレードできればいいですが、気づかないうちに願望のトレードになってしまうこともあるでしょう。そのため、少しでもイメージと違う値動きをすると、すぐに迷いが生じてしまうのです。

181

「頭と尻尾はくれてやれ」「天底は狙わない」という相場の格言の通り、利益確定は「ほどほど」でいいと思います。ただ、イグジットのほうが難しいからといって、必要以上に気後れする必要もありません。もし、ほどほどを狙ってもそこまで到達しないなら、そもそもエントリーポイントが間違っていたということです。エントリーするまでの分析が正しければ、ほどほどの利益確定でも、長期的には勝ちトレードのほうが多くなり、十分すぎるくらい利益は出ます。

　また、トレンドはN波動を描くという相場の仕組みを思い出してください。押し目や戻りができ、トレンド回帰すれば、値幅達成は観測できます。つまり、イグジットは予測できるということです。

Strongest FX 15 minute day trade

3つの市場の高値と
安値が重要

14

Chapter

4

「確度を上げる」ために理解しておくべきこと

■ チャート上で着目するポイントを決めておく

　為替市場は24時間動いているので、時間の区切りがありません。膨大な数のローソク足が、次から次へと形成されていきます。また、レンジ相場の時間が長かったり、トレンドに統一性がなかったりなど、一見ランダムに動いているように見えます。そのため、チャート分析をする際、難しく感じるかもしれません。

　株式市場なら、9時から15時までという時間の区切りがあるため、1日の「始値・高値・安値・終値」が明確です。一方、為替市場の場合、24時間いつでも売買できるため、1日のスタート時間が決まっていません。証券取引所のような為替取引所は存在せず、日本時間のだいたい9時ごろから売買が活発になる、というあいまいなスタートをします。また、日本時間で9時といってもアメリカでは夜間なので、アメリカの投資家にとって、昼間のように活発に売買する時間ではありません。このように、時間的な区切りがなく、時差もあることから、1日のなかで売買高は大きく変動します。FXのチャートはとりとめもなく、ランダムに動いている感じがします。これでは、たとえトレンドラインを引いたとしても、その高値や安値に意味があるのか、迷ってしまいます。

　そこで、チャートのどこに着目するのかを、先に決めておくことがおす

183

すめです。15分足の場合、1日を次の3つの市場に分けると、非常にわかりやすくなってきます。

・アジアタイム　　　　：日本時間の7時〜14時
・ヨーロッパタイム　　：日本時間の14時〜21時
・ニューヨークタイム：日本時間の21時〜翌7時

　チャートを開いて分析する際、3つの市場の高値と安値を、必ず見るようにします。たとえば、仕事から帰宅して21時からトレードをするなら、その日のアジアタイムの高値・安値、ヨーロッパタイムの高値・安値をチェックします。なぜかというと、トレンドが発生するときは、必ず前の市場の高値もしくは安値をブレイクするからです。考えてみれば当たり前のことですが、上昇トレンドが出るなら、前の市場の高値よりも必ず上に行きます。これをチェックするだけでも、トレードポイントが絞れます。買い目線なら、どこで高値を更新してくるのか、重点的に見ればいいのです。図4-01のUSD/JPYのチャートを見てください。

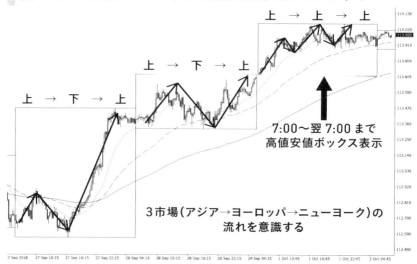

図 4-01　15分足で3つの市場の高値と安値をチェックする

これは３日分の15分足で、日本時間７時から翌日７時まで、高値と安値を四角で囲っています。アジア→ヨーロッパ→ニューヨークの３市場で、高値と安値をチェックしている形です。

　まず、それぞれの市場で上か下のどちらにトレンドが出たか、を見るだけでもいいでしょう。１日目は、アジアで上、ヨーロッパで下、ニューヨークで上という流れです。結果、この日は高値を更新していました。日足では陽線になります。２日目もアジアで上、ヨーロッパで下、ニューヨークで上となり、日足は陽線でした。３日目は、上→上→上で、これも日足は陽線ですね。上昇トレンドなら、日足は１本の陽線になります。その１日を３つに分け、それぞれ上か下かをチェックするだけで、戦略の全体像が出来上がります。

　相場は１日のなかでも必ず値幅を出してきます。21時からトレードし、アジアとヨーロッパがレンジだったなら、ニューヨークタイムに上下どちらかに値幅を出してくるなどといった想定をすることができます。あとは、テクニカル分析で、移動平均線をチェックしてネックラインを引くなどし、トレードポイントを絞り込んでいくのです。

　また、３市場の高値と安値を意識していると、そのトレンドの癖がわかるようになります。図4-02を見てください。

Chapter

4

「確度を上げる」ために理解しておくべきこと

185

図 4-02 すべてニューヨークタイムで高値を更新している

　先ほどと同じ15分足のチャートです。1日のなかで高値を更新しているのは、すべてニューヨークタイムだということがわかります。欧米系の機関投資家が仕掛けているのでしょうか、アジアとヨーロッパタイムが絶好の押し目となり、ニューヨークタイムに高値ブレイクというトレンドになっています。これは3日分の15分足ですが、図4-03でトレンド全体を1時間足で見てみましょう。

図 4-03 ニューヨーク時間に高値を更新するトレンド（1時間足）

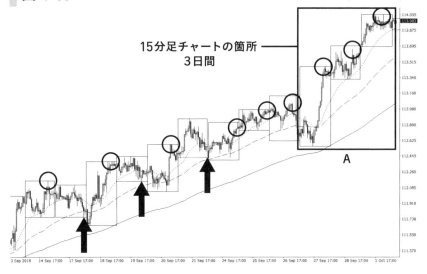

　このチャートは全体で12日分の1時間足で、Aの囲みが図4-02で見た15分足チャートでの3日間分です。Aに至るまで、上昇トレンドが継続しています。そのほとんどが、ニューヨークタイムに高値を更新しています。ここまで規則性があると、偶然ではないと考えるべきです。

　往々にして、相場はトレンドごとに特徴があります。今回のように、高値を更新する「時間」であったり、値幅や押し目のつけ方、トレンドラインの角度だったりなど、何かしらのヒントがあると考えるのが妥当です。テクニカル分析をしっかり行なうことで、いろいろな気づきが発見できるようになってきます。**基本が身につけば、ある規則性が見えてきて、そうすると、規則から逸脱したときもわかるようになります。それがトレードの引き出しになり、どんどんトレードスキルが上がっていきます。**

ブレイクを期待しての
先走りエントリーは要注意

15

あくまでもテクニカルを優先させる

　前節の例のように、ニューヨークタイムに高値を更新する日が続くなど、規則性を発見したとします。そうすると、今度はテクニカルを無視してニューヨークタイムになったらすぐにポジションを持ちたくなる場合があるので、注意しなければなりません。規則性を発見できた喜びもあり、期待が先行してしまうからです。ただ、何日もニューヨークタイムに高値更新しているからといって、今日も高値更新するとは限りません。期待だけでエントリーするのではなく、必ずテクニカルでトレードするようにしましょう。

　大事なことなので繰り返しますが、「上げるならここから」というポイントを見つけることが前提です。テクニカル的な根拠があるからこそ、トレンドの癖が活用できるのです。テクニカルという土台がないと、何でもこじつけて「このトレンドはこうなっている」と都合よく決めつけることができてしまいます。そうなると、テクニカル的な根拠がないにもかかわらず、ブレイクを期待してエントリーしてしまいます。期待でトレードすると、1回や2回は勝てるかもしれませんが、長くは続きません。テクニカルのエントリー根拠が明確でないと、イグジットもあいまいになり、次第に混乱してきます。そして、チャートを見返しても根拠があいまいなた

め、どうして勝てないのか、分析すらできなくなります。

　あくまでも、テクニカルが一番重要です。そして、トレンドごとの特徴をとらえることで、根拠が、より強くなります。テクニカル的な根拠がそろうまで、エントリーは待ちましょう。根拠がそろわなければ、たとえ「ニューヨークタイムに上昇する」という思いがあったとしても、エントリーは見送るべきです。

Chapter

4

「確度を上げる」ために理解しておくべきこと

Strongest FX 15 minute day trade

価格が動き出す
ローソク足の２つの形

16

相場にスイッチが入る瞬間

　トレードでは、「上がるならここから」「下がるならここから」というポイントを見つけることが大事でした。移動平均線がパーフェクトオーダーになり、「動くならここから」というネックラインにぶつかったあと、思っている方向へ動き出した事実を確認してからエントリーします。ネックラインにぶつかってトレンド回帰するとき（反転するとき）、ローソク足が特徴的な形を出すことがあります。次の２つの形のどちらかが出てきたら、トレンド回帰する確率が高くなります。

・ローソク足が切り返す
・長い上ヒゲ、下ヒゲが出る

　両方同時に出たら、さらに高確率になります。ただし、あくまでもネックラインにぶつかったときに限るので、よく監視するようにしてください。

　チャートをずっと見ていると、ネックラインにぶつかったとき、**突然値動きが早くなったり、売買が急増してプライスを刻むティック回数が急増したりするなど、それまでの値動きと違った雰囲気になることがあり**

190

ます。いわば、相場にスイッチが入る瞬間といえます。これに気づくことができれば、「もしかしたら、ここからトレンド回帰するかもしない」と少し不安だったことが、「これはトレンド回帰するな」という確信に変わります。

ローソク足が切り返して動き出す

「ローソク足が切り返す」を理解するためには、V波動をイメージするといいでしょう。図4-04を見てください。図4-03で説明したUSD/JPYの1時間足チャートです。

図 4-04 節目で陽線と陰線の切り返しがあると反転を示唆する

まず、トレンドラインを引きます。200EMAに沿ったラインなので、このトレンドの波をあらわしたラインです。「このトレンドはこの角度で進んでいますよ」ということを示唆しています。AとBが、トレンド回帰するために押し目をつけたポイントです。どちらもトレンドラインにぶつかったら、急に上昇しています。それまで陰線だったのに、トレンドラ

インに当たったローソク足から陽線に転換していることがわかるでしょう。A、Bの丸のなかは小さなV字になっています。これが、ローソク足の切り返しです。A、Bどちらも２日間もみ合っていた相場が、トレンドラインにぶつかった途端に上昇しはじめています。むしろ、前日の安値を切り下げて、上昇が否定される瞬間といえます。下がると思いきや、切り返して上げはじめたということです。

　トレンドは、25EMAと75EMAに乗っていきました。A、Bどちらも、75EMAを下抜けて200EMAに到達するかどうか、というポイントです。つまり、「ここから上げないと上昇トレンドは終了する」ポイントです。前日の安値を切り下げたにもかかわらず、ネックライン（今回はトレンドライン）にぶつかってローソク足が切り返しているので、上昇するスイッチが入ったわけです。

　注意してほしいのは、ローソク足が切り返したらすべてトレンド回帰するということではないということです。ネックラインにぶつかったときに限ります。そのため、すでにネックラインを引いていることが前提です。

　この前提を忘れてしまうと、チャート上、ローソク足が切り返しているポイントだけを見つけようとします。そうすると、チャートのどの部分でも切り返しているように見えて、どれもエントリーチャンスだと勘違いしてしまいます。エントリーする準備が整い、さらにこの切り返しがあるときに、確度が高まるというふうに理解してください。

長い陽線と陰線は切り返しのサイン

　ローソク足が切り返すとき、相場のスイッチが入ると述べました。売買が急増するので、値動きが早くなったり、短期間で値幅が出たりします。そうすると、ローソク足も長くなります。ネックラインに当たるポイントは、トレンドでいうと小休止のときです。小休止だと、トレンドが出ているときと比べ、売買は減り、ローソク足の値幅も出なくなります。レンジは、高値と安値の値幅が狭くなるので、必然的に１本のローソク足も短く

なりますが、その状態が小休止です。この状態のとき、相場のスイッチが入ると、それまでと比べてローソク足が長くなります。切り返すタイミングで、陰線のあとに切り返し、陽線が出るようなときです。ネックラインにぶつかる陰線が長くなるか、ぶつかったあとに出た陽線が長くなるかは、どちらでもかまいません。図4-04を見てください。

Aでは長い陰線が出てネックラインに当たっています。切り返したあとの陽線は短いです。逆にBでは、ネックラインに当たった陰線は短いですが、切り返したあとの陽線が長いですね。このような陰線と陽線の組み合わせを見るようにします。陰線と陽線のどちらが長いかは問いません。両方長ければ、一番わかりやすいでしょう。

これは、あくまでも小休止のなかでの比較です。トレンド発生中のローソク足は長い陽線が多いので、この陽線と比較しても意味はありません。また、ネックラインに当たったときに、という前提になります。

長いヒゲがポイント

ローソク足が動き出すもう１つの形は「長いヒゲ」です。長いヒゲは、長い陰線や陽線と同じことで、ローソク足が確定する前に反転してヒゲになっただけ、と考えてください。たとえば15分足なら、ローソク足ができはじめた最初の２分で長い陰線が出たとします。そのあと切り返して上昇しはじめ、残りの13分である程度のところまで戻したとしましょう。そうすると、ローソク足は長い下ヒゲになります。切り返しの早さと、ローソク足が確定するタイミングによっては、このような長い下ヒゲが発生します。図4-05を見てください。

図 4-05 長いヒゲでローソク足が動き出す

　Aのポイントでネックラインにぶつかりました。結果的に、長い下ヒゲになっています。ローソク足が確定する渦中では、ネックラインに当たった瞬間は、長い陰線になっていたはずです。しかし、おそらくすぐに切り返して反転したので、下ヒゲになったということです。

　このように、切り返すスピードと、ローソク足が確定するタイミングによって、形が違ってきます。

　別の相場を見てみましょう。図4-06は、EUR/JPYの15分足です。

図 4-06 より確度が高くなるポイント

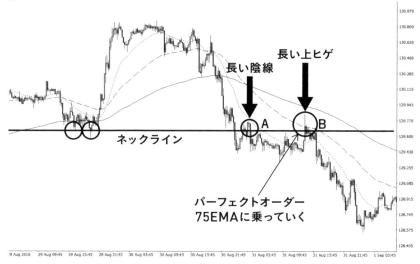

　A、Bでネックラインに当たっています。Aはネックラインを上にブレイクしかけますが、突然長い陰線が出て、頭をたたかれた感じになっているため、売り圧力が強いことが推測されます。同じくBでもネックラインを一度上抜けていますが、ローソク足が確定する前に反落しています。結果、長い上ヒゲになりました。Bのポイントは、**パーフェクトオーダーと75EMAが重なっています。まさに「トレンドが出るならここから」というポイントです。**ここでネックラインに当たって上ヒゲが出ているので、価格が動き出す絶好のポイントといえます。逆にBで上抜けてしまうと、200EMAまで到達してしまいます。そうなると、下降トレンドよりもレンジに戻る可能性が高くなります。

　実際のトレードでは、上位足をチェックする必要があります。相場によっては、Bは絶好の売りシグナルです。これに加え、ネックラインに当たって長い上ヒゲが出て切り返しているので、より確度が高くなる場面です。

上げるためには下げる、下げるためには1回上げる

　では、なぜこのような長い陰線や陽線、ヒゲが出るのでしょうか？　それは、値幅を出すためには、助走をつける必要があるからです。上昇するためには、一度下げて助走をつけ、それから大きく上げていくという相場の習性があるとお伝えしました。このプロセスが、押し目となります。助走が長いほど、そのあとの反動も大きくなって強いトレンドに回帰していくのです。

　つまり、**上げるためには下げる、下げるためには上げるのが相場の仕組みです。**トレンドが出はじめると、一本調子で上げ続けることはなく、どこかで休憩し、助走をつけてからまた進みます。これがN波動になり、N波動が連続してエリオット波動になるのです。「これよりも助走はつけられない」というギリギリのポイントまで下げれば、そこから上げていきます。そのギリギリのポイントが、ネックラインです。この助走の段階では、ゆっくりと進むことが多いです。そして、ネックラインに当たった瞬間からスピードを出すため、クルリと切り返して長い陰線や陽線、もしくは長いヒゲになるのです。もちろん、すべての相場が「助走がゆっくりでトレンド回帰するときはスピードがある」というものではありません。ボラティリティが高い時期や、乱高下している時間帯は、助走をつけるときも値動きが早くなります。押し目をつけるための下げではなく、「これから暴落するのではないか？」と感じるほど、下げるスピードが早いときもあります。また、「ここまで下げてから上がるの？」というくらい下げるときもあります。

　重要なのは、「ネックラインを引いておくこと」です。ネックラインがあれば、助走のために下げるスピードが早くても、止まるポイントがわかっているため、「ここで止まるかな」という準備ができるからです。また、助走に勢いがあってスピードがあれば、制動距離も長くなります。そのため、反転する前にネックラインを1回抜けてしまいます。ネックラインでピッタリと反転するのではなく、ネックラインを一度ブレイクするのです。ただし、結局は本来進むべきトレンド方向へ切り返すので、それが長

いヒゲになったりします。図4-06のAやBがいい例ですが、一度はネックラインを抜けているものの、結果としてトレンドに回帰しています。ネックラインを突き抜けたヒゲは、いわば制動距離のようなものです。

　先述したように、ネックラインを帯状にとらえていれば、混乱しなくなるでしょう。ヒゲか実体のどちらになるかはわからないので、大局的に見るように意識してください。

　このように、トレンドが出るときは、「上げるために下げる」「下げるために上げる」動きをします。チャート分析するときは、その上げが何のためにあるのか、単純にトレンド転換して上昇しているのか、それとも戻りの最中の上げなのか（これから下げるために助走をつける上げなのか）、意味を考えるようにしましょう。そうすると、深いチャート分析ができるようになります。

一度では抜けてこない
「ダマシ」を見破る方法

強いトレンドが出る前はダマシが頻出する

　トレンドフォローの場合、トレンドが出はじめるポイントがわかれば、戦略を立てやすくなります。ただし、トレンド発生を伴うブレイクは、「ダマシ」があります。特に、強いトレンドが発生するときは、大きな節目を突破することが往々にしてあります。大きな節目では売買が交錯するため、ダマシも増えるからです。ここでいうダマシとは、ブレイクしかけるものの結局押し戻されてブレイクしない状況を指します。

　図4-07を見てください。これは、GBP/JPYの15分足です。

　このように、強い上昇トレンドが出る前は、一度でブレイクせず、何度も反落します。それだけ、売り圧力が強いからです。逆に、強い売り圧力を突破すると、一気にトレンドを出してきます。特にBは長い上ヒゲになっています。ネックラインを上抜けたからといって、トレンドが確定するわけではないので、注意してください。またEのようにネックラインをブレイクしても、だらだらと動いている場合もあります。

図 4-07 強いトレンドが出る前は一度ではブレイクしない

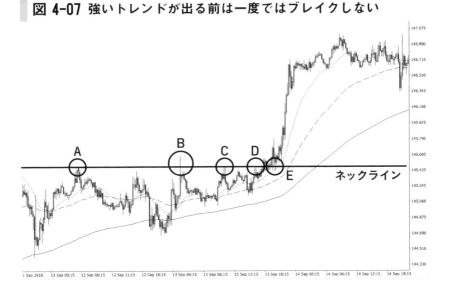

　A、B、C、Dと同じ価格帯で反落しています。何度も反落し、ようやくEでブレイクしています。大きな壁を突破したかのように、ブレイク後は急騰しています。このネックラインが強い節目となっていたのでしょう。

　ブレイクにはいろいろなパターンがあると覚えておいてください。「ブレイクしたから即ロングでエントリー」という考えでいると、Bではすぐに反転したので損切りになってしまいます。Eではなかなか上昇せずにヤキモキするでしょう。トレンドが発生するには、時間がかかります。「ブレイクはまだか」と焦っていると、我慢できなくなり、エントリーが早くなってしまうのです。トレンドが出るには、それなりに時間が必要だと認識しておくことで、Eまで待てるようになります。ちなみにAからEまでは１日半かかっています。

　「Eまで待てない！」と思うかもしれません。しかし、基本に忠実になれば、大丈夫です。売買シグナルは、A、B、C、Dでは発生しません。ネックラインを上抜けていないので、トレードするポイントではないからです。シグナルが発生するのは、Eでブレイクし、ロールリバーサルしたとき（ネックラインに当たったとき）になります。「少しでも利幅を稼ぎた

い」「底でエントリーしないと損した気分になる」という考えを持っていると、ブレイクする前にエントリーしたくなるかもしれませんが、何度もダマシに遭います。このチャートでは、A、B、C、Dで4連敗してしまうことになります。もちろんブレイク前にエントリーするのは構いませんが、上位足の流れなどをしっかり分析し、根拠が重なるポイントでトレードをするようにしてください。

　基本はブレイク後の押し目を狙うのが、期待値の高いトレードです。この場面でも、よく見るとEでブレイクしたあとは、少し押し目をつけています。ブレイクしたことを確認し、さらに押し目をつけて「上げるならここから」というポイントでエントリーします。基本となるルールは、絶対に忘れないようにしてください。

ネックラインのブレイクは移動平均線でも起こる

　ブレイクを見極める際、ネックラインとローソク足だけ見ていてもわかりません。高値と安値を切り上げているのか（切り下げているのか）、移動平均線の傾きはどうなっているかチェックし、ラインを引くなどをすることが前提です。チェックする項目を増やすほど、ラインの確度も上がります。図4-08を見てください。

　移動平均線がパーフェクトオーダーであることに気づけば、25EMAと75EMAに乗りはじめているので、上にブレイクする可能性が想定できるでしょう。そうすると、移動平均線に沿ったトレンドラインが引けます。結果、三角もち合いになります。あとは、「どこで上にブレイクするか」というポイントまで絞れるでしょう。

　何度も反落してきたネックラインなので、そう簡単にブレイクはしません。こういうときは、25EMAの動きも見るようにします。ネックラインと25EMAの間にローソク足が挟まれ、25EMAに押し出されるようにブレイクしています。ローソク足がブレイクしても、25EMAがついてこなければ、それはダマシになって反落します。しかし、25EMAも徐々に上げてきて、ネックラインをブレイクする形になっています。この

図 4-08 ネックラインのブレイクは移動平均線でも起こる

ように25EMAもブレイクすると、ローソク足がはじき出されて一気にトレンドが出ることがあります。ローソク足だけではダマシになっても、25EMAも伴うブレイクだと、確度が急激に上がります。今回のように、ゆるやかな三角もち合いで、ローソク足と25EMAがそろってブレイクすると、「いよいよブレイクする」という期待感が高まる相場となります。

ダマシを防ぐには、ローソク足だけでなく移動平均線も意識してください。三角もち合い以外にも、チャートパターンが形成される場合は、上下どちらかにブレイクするので準備できます。

ネックラインの強さは上位足を見る

ネックラインの強さをはかるには、15分足だけでなく、上位足の分析が必要です。1つ前の図4-08の15分足が、どんな環境だったのか大局的に見てみましょう。次の図4-09は4時間足です。

図 4-09 ネックラインの強さは上位足を見ればわかる

　右の四角で囲ったポイントが15分足のA、B、C、D、Eです。15分足だけを見ていると、チャートの大部分がもみ合いなので、AからEまで三角もち合いが形成されてブレイクするまで、長い時間に感じるかもしれません。しかし、4時間足を見ると、A、B、C、D、Eのポイントは、チャートのほんの一部でしかありません。時間軸により、見えるものが違うのがよくわかるでしょう。

　4時間足でも、ブレイクするまでに何度かダマシをつけ、時間をかけてチャートを形成します。4時間足でもみ合っているということは、15分足だと相当長い時間に感じるはずです。15分足だけでトレードすると、危険なことがわかるのではないでしょうか。必ず上位足も見て大局を把握するようにしてください。木を見たら森を見る、森を見たら木を見るというように、大局と細部は、セットでとらえることが大切です。

Strongest FX 15 minute day trade

トレードに時間的要素を取り入れる

18

Chapter

4

「確度を上げる」ために理解しておくべきこと

含み益が減ると焦る人間の心理

　ブレイクするまで、それなりに時間がかかることはこれまで述べた通りです。ブレイクするためにはもち合いが必要であり、大きく上げるためには、大きく下げて深押しし、助走をつけなければなりません。

　これは、ポジションを持っているときも、同じことがいえます。利益確定するまで、ある程度の時間がかかります。数時間のときもあれば、24時間かかることもあるでしょう。その間には、相場に揺り戻しがあります。そうすると、持っているポジションの含み損益も変動します。ポジションを持って含み益が出たとき、少しでも含み益が減りはじめると、あわてて決済したくなったことはないでしょうか。ポジションを長時間ホールドすることに慣れていない方は、損益が変動することに対して恐怖を感じるかもしれません。せっかく含み益が出たのに、決済しなかったために、出るはずだった利益がゼロになるという感覚に陥ってしまうのです。

　また、仮に＋20pipsの含み益が出ていたとすると、「よし、このまま利益確定ポイントまで伸びてほしい」と思うところです。しかし、1時間後にポジションを見たら、含み益が減っているどころか、含み損に転じていたら残念で仕方ないでしょう。「もういいや」と投げ出して決済したくなる

203

かもしれません。含み損益が変動するたびに、胸が締めつけられる思いがするのではないでしょうか。これでは、常にプレッシャーを抱えることになり、まともなトレードができません。含み益が減ることに耐えられないと、利益を伸ばすことなどできません。そのうちメンタルが崩れ、トレードするのが辛くなってきます。

　このような考えに陥る原因として、「時間的な要素を考慮していない」ことが挙げられます。エントリーするまではチャートの分析をし、チャートパターンができてパーフェクトオーダーになるまで待つなど、時間をかけているはずです。1つの通貨ペアで、数分や数十分ごとに売買シグナルが発生することはあり得ません。当然ながら、エントリーしたら、イグジットポイントまで同じように時間がかかります。それなのに、ポジションを持ったとたんに急騰や急落を望んでも、起こりえるはずはないのです。たとえば、USD/JPYで50pipsの利幅をめざすとして、エントリーして一瞬で50pipsの変動が発生することは、まずありません。イグジットまで揺り戻しがあるため、含み損益も必ず変動します。**エントリーするまではチャートで判断しているのに、エントリーした瞬間から、チャートを無視して自分の含み損益だけを見ているようでは、一貫性のあるトレードはできません。**チャートで判断してエントリーしたなら、イグジットまでチャートで判断すべきです。

　チャートが思った方向へ進んでいたら、それが否定されるまでは、ナイストレードをしているわけです。それなのに、ちょっと含み益が減っただけで不安になるのは、都合がよすぎます。「少しでもいいポイントで決済したい」「やっぱり決済しておけばよかった」というのは人間の欲です。エントリーし、イメージ通りの値動きになれば、自ずと含み益になります。それなのにメンタルが崩れるというのは、本来おかしな話です。これは、ポジションを持つと同時に欲が出て、冷静さを失っている証拠です。

チャート的に正しい行動をしているかどうかを常に意識する

　含み損益の有無よりも、チャート的に正しい行動をしているかどうかを気にしてください。優先するのは、とにかくチャートです。トレードの勝敗は二の次にしてください。このような意識を持っていれば、含み損益が変動しようが、気にならなくなります。

　図4-10を見てください。AUD/JPYの15分足です。

図 4-10　利益ではなくチャートを追うようにする

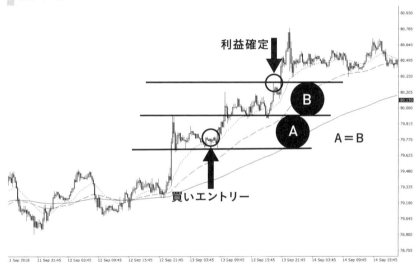

　買いシグナルが発生し、エントリーしたとします。もみ幅の2倍（V計算）で利益確定すると（A＝B）、ポジションホールド時間は12時間です。利幅は＋50pipsです。結果だけ見ると、勝ちトレードの1つにすぎません。しかし、ポジションホールド中は含み益は幾度となく変動しています。特に、Aのもみ幅を上にブレイクしたあと（Bゾーンに到達したとき）、なかなか含み益が増えない状態が7時間ほど続きました。Aを上に抜けて、含み益が最大40pipsくらいになりましたが、＋20pipsくらいまで減っています。その後も＋20〜＋40pipsを行ったり来たりし、最終的に

利益確定のポイントに到達しています。

　この含み益が変動しているとき、数字だけを追いかけると、利益の変動だけが気になってしまいます。含み益が減ってくると「これ以上減らしたくない」と思ってしまうのが人の常です。

　利益のことを考えるのではなく、チャートを追うようにします。極端にいうと、含み損益は見ないでチャートだけを監視するようにしましょう。買いエントリーしてからイメージ通りのチャートを形成しているので、「いいポイントでエントリーできた」「値幅達成までまだ時間はかかるからこのままホールドしよう」という考え方をしなければなりません。

　このように、値幅達成は時間がかかるものなので、「それまでの含み損益は変動するもの」という心構えが必要です。私の経験則からいうと、20pipsくらいの含み益が出ると、いったん大きく目減りします。さらに含み益を拡大するためには、いったん押し目をつけ、助走をつけるものです。もちろん通貨ペアやボラティリティにもよりますが、仮に＋50pipsの利幅をめざしたとしても、渦中では何度も含み益が減る場面があることを頭に入れておくべきでしょう。それが、相場の動きです。こう認識しておくと、ポジションをホールドすることに抵抗がなくなります。相場の動きをひたすら見極められるようになるのは、ひたすらトレードして慣れるのみです。

Chapter

5

「確率的思考」と
「資金管理」で
負けない体制をつくる

Strongest FX 15 minute day trade

デイトレードは
「損益率」が命

19

テクニカル以上に必要な「確率的思考」と「資金管理」

デイトレードで勝ち続けるには、テクニカル以外に必要なことがあります。それが、「確率的思考」と「資金管理」です。どんなにテクニカルの売買シグナルが適切でも、この２つの理解が足りないと成績が安定することはありません。

デイトレードでは、エントリーするまでに利益確定と損切りするポイントを、しっかり決めておかなければなりません。エントリーしてから決めるのでは遅すぎます。「ここで値幅達成するので利益確定する」「ここまで逆行したらエントリー根拠が否定されるので損切りする」などを必ず決めておきましょう。

トレードの手順は、いつでも次の３つです。

１．戦略を立てる
２．エントリーする
３．決済する（利益確定もしくは損切り）

この３つは、エントリーする前に決めておきます。そして、**トレード成績を劇的にアップさせるコツは、戦略を立てる段階で「損益率を上げる意**

208

識をする」ことです。

損益率とは、利幅（pips）と損切り幅（pips）の割合のことです。たとえばエントリーしたときに、利益確定まで＋40pips、損切りまで－20pipsのトレードを想定したとします。この場合、「40÷20＝2」で、損益率は「2」になります。利幅＋40pips、損切り幅－40pipsの場合、損益率が1になります。このように、利幅÷損切り幅の計算をし、1や2といった数字を算出します。

トレードは、毎日積み重ねると莫大な数になります。仮に1週間で30回のトレードをしたら、30回のうちの利確トレードの利幅の平均と、損切りトレードの損切り幅の平均を出し、割り算をします。

損益率：平均利益(pips) ÷ 平均損失(pips)

これで1週間どのようなトレードを行なったのか、数字でわかるわけです。1000円、8000円など金額で算出するのではなく、pipsで算出するのがポイントです。

なぜ損益率を出すかというと、損益率であなたの「破産確率」を計算することができるからです。破産確率と聞くと、ドキッとするかもしれません。逆にいうと破産しないやり方、つまり、勝ち続けるやり方もわかるというわけです。なお、損益率は、「ペイオフレシオ」や「リスクリワード比率」ともいいます。

自分の破産確率を知ることからはじめよう

損益率から破産確率を出す方法は、「バルサラの破産確率表」を使います。デイトレードでは絶対に必要な考え方です。図5-01が破産確率表です。

209

図 5-01　バルサラの破産確率表

		勝率（%）									
		10	20	30	40	50	60	70	80	90	100
ペイオフレシオ（損益率）	0.2	100	100	100	100	100	100	98	72.2	5.8	0
	0.4	100	100	100	100	99.9	95	58.7	6.5	0	0
	0.6	100	100	100	99.9	96.1	64.1	12.4	0.1	0	0
	0.8	100	100	100	98.8	78.4	26.1	1.3	0	0	0
	1	100	100	99.9	92.6	50	7.4	0	0	0	0
	1.2	100	100	99.1	78.4	26	1.8	0	0	0	0
	1.4	100	100	96.4	59.5	11.9	0.4	0	0	0	0
	1.6	100	99.9	90.4	41.2	5.1	0.1	0	0	0	0
	1.8	100	99.7	81.1	26.8	2.2	0	0	0	0	0
	2	100	99.1	69.6	16.8	0.9	0	0	0	0	0
	2.2	100	97.7	57.6	10.3	0.4	0	0	0	0	0
	2.4	100	95.2	46.4	6.3	0.2	0	0	0	0	0
	2.6	100	91.5	36.6	3.9	0.1	0	0	0	0	0
	2.8	100	96.8	28.5	2.4	0	0	0	0	0	0
	3	100	87.2	22	1.5	0	0	0	0	0	0

勝率70%
損益率0.4

破産確率58.7%

　この表の見方は、自分のトレード履歴から損益率と勝率を出し、表に当てはめるだけです。勝率は「勝トレード数÷総トレード数×100」で出てきます。損益率は先ほど紹介した「平均利益（pips）÷平均損失（pips）」です。

　たとえば、1か月の平均勝率が70%だとします。これは非常に高い勝率です。しかし、損益率が0.4だとしたら、あなたが破産する確率は58.7%にもなります

　※損益率0.4は利幅が＋20pipsで損切りが－50pipsのようなとき（20÷50＝0.4）です。

　58.7%という数字が高いのか低いのかはすぐにわからないかもしれませんが、この数字はほぼ破産すると考えられます。今のトレードを続けていると、資金がなくなることになるので、直ちにやり方を変えなければなりません。

　では、どれくらいの破産確率をめざしたらいいでしょうか？　私が考えるめざすべき数字は「0%」です。そのためにはどのようなトレードをすればいいのか、図5-02を見てください。

図 5-02 破産確率０％のトレードをする

		勝率（%）									
		10	20	30	40	50	60	70	80	90	100
ペイオフレシオ（損益率）	0.2	100	100	100	100	100	100	98	72.2	5.8	0
	0.4	100	100	100	100	99.9	95	58.7	6.5	0	0
	0.6	100	100	100	99.9	96.1	64.1	12.4	0.1	0	0
	0.8	100	100	100	98.8	78.4	26.1	1.3	0	0	0
	1	100	100	99.9	92.6	50	7.4	0	0	0	0
	1.2	100	100	99.1	78.4	26	1.8	0	0	0	0
	1.4	100	100	96.4	59.5	11.9	0.4	0	0	0	0
	1.6	100	99.9	90.4	41.2	5.1	0.1	0	0	0	0
	1.8	100	99.7	81.1	26.8	2.2	0	0	0	0	0
	2	100	99.1	69.6	16.8	0.9	0	0	0	0	0
	2.2	100	97.7	57.6	10.3	0.4	0	0	0	0	0
	2.4	100	95.2	46.4	6.3	0.2	0	0	0	0	0
	2.6	100	91.5	36.6	3.9	0.1	0	0	0	0	0
	2.8	100	96.8	28.5	2.4	0	0	0	0	0	0
	3	100	87.2	22	1.5	0	0	0	0	0	0

勝率 60%、損益率 1.8 で破産確率０％

　たとえば、損益率が1.8のトレードをする場合、勝率は60％をキープしていれば破産確率は０％になります。損益率1.8とは、利幅が100pipsで損切り幅が−55pipsのような場合（100÷55＝1.81）です。これまで説明してきたように、デイトレード手法は損小利大になるので、損益率1.8はかなり現実的な数字です。むしろ、損益率２以上はめざせますし、実際にそうすべきです。損益率２の場合、利幅＋50pipsに対し、損切り幅−25pipsなどになります。「上がるならここから」「下がるならここから」というポイントでエントリーさえしていれば達成可能な数字です。これまでに紹介してきたトレード例で、利幅のほうが断然伸ばせるイメージができるのではないでしょうか。また、**損益率２以上なら、勝率が50％でも破産確率は限りなくゼロに近いです。**

　デイトレードは損益率が命です。破産確率を下げるには、勝率が悪くても損益率がよければゼロにできます。なぜ勝率ではなく、損益率のほうが

大事なのでしょうか？　それは、勝率を上げるには限界があるからです。なぜ勝率を上げるのが難しいのかを説明すること自体、非常に難しいのですが、自分のトレードスキルが完璧でない以上、完璧なトレードができないからです。どんなに上手な専業トレーダーがいたとしても、損切りしない完璧なスーパートレーダーなど存在しません。人間なら、誰でも凡ミスをします。ダマシにひっかかったり、エントリーが早かったりするときもあるでしょう。これを改善するために、分析と検証を繰り返すのです。

　一方で、**損益率を伸ばすことはいくらでも可能です**。熟練度にかかわらず、今すぐにできます。それは、デイトレード手法がトレンドフォローだからです。トレンドに乗りさえすれば、次の値幅達成まで狙えるので、それなりに値幅が出ます。損切り幅よりも利幅のほうが大きくなって当然といえます。無理に損益率を伸ばすなら、精神的にもきついでしょう。そうではなく、楽というと語弊がありますが、損益率2をキープするのは難しいことではありません。これも、「トレンドは否定されるまで継続する」という相場の仕組みに沿っているからできることです。

　破産確率を下げるには、次のどちらかになります。

・損益率を上げる
・勝率を上げる

　2つのうち損益率を上げるほうに注力してください。逆に、損益率が悪いということは、エントリーからイグジットまでの戦略自体が間違っている証拠です。そもそも、利益確定と損切りのポイントがよくないので、ルールを見直すべきなどということに気づくはずです。また、損益率は2以上でも、勝率が悪いときはあります。その場合、エントリー回数が多いか、無駄なトレードが多いため損切りが多くなっている証拠です。迷ったときは、2つの根拠「上位足の相場環境はどうか」「移動平均線の向き、ラインはきちんと引けているか」をチェックするようにしてください。

負けトレードから目をそらさない人が上達する

日々のトレードにおいて、破産確率表に当てはめて、どんなトレードをしたのかチェックしてください。分析は1週間単位でも構いませんし、月単位でもいいでしょう。自分のトレード履歴を自分で分析することが大事です。

最初は、履歴を分析して破産確率を出すことに抵抗があるかもしれません。しかし、現状を打開してこれから大きく稼ぐためには、自己分析は必須です。確かに、負けトレードをまじまじと見て分析をするのは、精神的に辛い作業になるでしょう。しかし、負けトレードを分析しないと、成長することができません。

大切なのは、破産確率から目をそらさないことです。悪いトレードを行なっているのなら、すぐに気づくべきです。改善してまた分析するというのを繰り返していけば、誰でもある程度は勝てるようになります。ほとんどの人は、これをやらない傾向にありますが、負けトレードの分析を先延ばしにせず、習慣化するようにしてください。それに、必ずしも悪い結果だけではなく、逆に破産確率が極めて低いとわかれば、「今やっていることを継続すればいい」という自信になります。あなたのトレードを加速度的に成長させるためにはいいことばかりなので、定期的に分析してください。

負けトレードから目をそらさない人が、自ずと上達していきます。これはトレードで夢をかなえるために、必要なステップだと考えてください。

ギリギリのトレードはしない

トレード履歴を分析した結果、破産確率が高いとわかったとします。その場合、破産確率を0％まで下げるためにルールを見直す必要があります。

「0％をめざすなんて理想にすぎないのではないか」と思うかもしれません。では、あなたが勝率50％、損益率1.2のトレードをしたとします。こ

れならば、破産確率は26％なので、このルールを守っていれば、「FXは勝てる」はずです。勝率50％も、損益率1.2もハードルは低く、どちらもすぐに達成可能です。

　しかし、「同じルールを守り続けること」という前提があります。同じルールを守り続け、損益率1.2のトレードをし続けることが、果たして可能でしょうか？　また、安定して勝率50％をキープできるでしょうか？

　これは無理でしょう。なぜかというと、相場は時期により値動きが変わるからです。そうすると、勝率も損益率もブレが出てきます。このブレがプラスの方向ならいいのですが、悪い方向へブレると、すぐに破産確率が急増します。勝率が低い時期が数か月続いたとき、果たして淡々とトレードできるでしょうか。もし、トレードルールに期待値がなくなっていれば、もう二度と高勝率を上げることができないのです。そして、新しい検証をすることもできません。なぜ検証できないかというと、勝率50％で損益率1.2のルールは、破産しないギリギリのところで、何とか勝てているルールだからです。いわば、綱わたり状態で、最低限のハードルを越えていただけだからです。ちょっとした変化があると、すぐに対応できなくなる場所で戦っている、非常に危うい状態であることを認識してください。まったく余裕がないので、デイトレード以外にも、スキャルピングを試してみるとか、15分足ではなく1時間足のスイングトレードにチャレンジしてみるなどの検証が何もできません。結果、現状維持するのがやっとで、いずれ調子が悪い時期に差しかかったとき、勝てる土俵から落ちていく羽目になります。そのためにも、破産確率ギリギリのトレードではなく、余裕のある０％をめざすようにしてください。

　もし、破産確率０％のルールでトレードしていれば、相場の変化で、勝率や損益率にブレがあったとしても、すぐに厳しい状態にはならないはずです。破産確率０％という余裕の場所で戦っていたので、それが10％や20％に落ち込んだところで、すぐに負けることはありません。たとえ破産確率20％のトレードになったとしても、期待値は高いです。一時的にスランプに陥ったとしても、勝てる土俵で落ち込んでいるだけです。勝てない時期がきたとしても、負ける土俵まで進んでしまうことがないの

で、いずれ元通りのトレードができるようになれば、また安定して勝てるのです。

勝ち続けるために必要な確率的思考

　勝ち続けるためには、取り組んでいることのすべてに対し、長期的な視野でとらえる必要があります。FXは、結果が出るまで時間がかかります。そのため、今やっていることに意味があるように思えず、途中で投げ出してしまう方がほとんどです。今やっていることは、明日すぐに成果となって出るのではなく、半年や1年かかるかもしれません。たとえば、トレンドラインを引いたとしても、それが正しいかどうかすぐにわからないので、毎日ラインばかり引いていると精神的には辛くなるかもしれません。しかし、長期的に見れば、それは必ず必要なことです。

　破産確率0％をめざすのも、最初は難しいと感じるかもしれませんが、決して無駄になりません。デイトレード手法は、利幅が取れるポイントでエントリーするため、達成が可能なのです。高い次元のトレードをするのを当たり前にすることで、勝ち続ける確率が高くなります。

　損益率をよくすることが、長期的に勝つために一番重要なことです。損益率が悪いと、他のすべてがよかったとしても、長期的に勝つことが難しくなります。逆に、2以上の高い損益率がキープできていれば、変動はあるにしても勝ち続ける可能が高くなります。

取引枚数の決め方

20

エントリー枚数は負けの許容範囲から逆算する

　取引枚数の決め方は、とてもシンプルです。ナンピンやピラミッディングは行なわず、相場に応じて枚数を変えるなどもやりません。基本的には、**いつも同じ枚数でトレードし、資金が増えるに連れ、徐々に増やしていく**というやり方で十分です。あとは、メンタルがどれくらいまで耐えられるかによります。資金は増えても、枚数を増やすと想像以上のプレッシャーを感じることがあります。これは、各々の運用資金や金銭感覚によるので、自分にとってプレッシャーがかからない範囲で増やしてください。「いつも同じ枚数でポジションをとる」という認識で行なうようにしましょう。

　では、何枚(何万通貨)からスタートしたらいいでしょうか。迷ったら、1回のトレードで、どれくらいの損益になるのか、試算してみるとイメージがわくと思います。

【 枚数1枚(1万通貨)のときの損益 】
　利益確定：＋30pips　→　＋3000円
　損切り　：－15pips　→　－1500円

USD/JPYの場合、だいたいこれくらいの損益（pips）が平均的な数字です。これは、損益率は「2」です。なお、取引枚数を決めるうえで、負けの許容範囲から決めていくことをおすすめします。たとえば、「1回のトレードで1万円以上勝ちたいから5枚にする」という決め方では、勝つことにしかフォーカスしていません。実際に負けトレードが連発すると、想定外の負けになるので、すぐにメンタルが崩れるでしょう。

【 枚数5枚（5万通貨）のときの損益 】

利益確定：＋50pips　→　＋2万5000円

損切り　：－25pips　→　－1万2500円

ポンドなど、ボラティリティが高い通貨ペアの場合、50pipsくらいは数時間ですぐに動きます。5枚でトレードすると、勝った額は大きくなることでしょう。このようなトレードを毎日行なえば、トレーダーとして生計を立てられそうな気がしてきます。ただ、負けたときも大きな額になります。仮に3連敗すると3万7500円の損失、5連敗での損失は6万2500円です。問題は、連敗がどれくらいの頻度になるかです。連敗は日常茶飯事です。これからデイトレードをスタートする人の場合、最初のうちは負けトレードも多くなるでしょう。3連敗や5連敗は、普通に発生します。ただし、負けトレードをこなしながら、徐々に上手になっていくため、連敗数も考慮していくことが肝心です。

私はいつも10連敗することは想定しています。ここまでの負け方は、年に1回あるかないか、といったところですが、10連敗に近づくことはあります。「これくらいの負けがあっても、そのあとも淡々とトレードできるだけの許容範囲」を決めておくべきです。たとえば先ほどの例だと、10連敗で－12万5000円です。どれだけ資金が減っても、生活に影響せず、メンタルも冷静さを失わないでいられるでしょうか。「こんなに負けたら資産がなくなる……」と感じるのなら、5枚では多すぎるということです。

私の場合、どんなにボラティリティが高い通貨ペアでも、損切り幅が

－30pipsを超えることがありません。**－30pipsになるポイントではエントリーしないということです。**私は10連敗したときの許容範囲の負け額は、30万円と決めています。逆算すると取引枚数は10枚が上限ということがわかっています。10枚の場合、－30pipsだと－３万円、10連敗で－30万円ということです。－30万円くらいなら、負けても何とも思わない額になります。この枚数が多いか少ないかは個々人によるので、自身の状況に合わせて決めていってください。

枚数が多いと利益確定が早くなる傾向にある

　私の10枚という数量は最低限で、かつ心地よい（プレッシャーにならない）量です。これより少ないと、儲けが少なくて、正直トレードしていても意味がないと感じます。逆にこれより上げると、値幅達成のポイントまで待てなくなったり、途中で決済したくなったりすることを経験しています。そうすると、pipsが伸ばせなくなってしまいます。

　枚数を上げたほうが金額的には稼げます。しかし、トレードを金額で換算するようになるので、pipsの抜き幅が少なくなる傾向にあります。逆に、損切り幅も小さくなるかというと、そうはなりません。損切り幅は同じです。つまり、損益率が悪くなるのです。損益率が悪くなると、破産確率は急増します。勝率が上がるかというと、上がりません。勝率は変わらず損益率だけが落ちることになります。

　理想的な形を一言でいうならば、「含み益を放置していて、それがなくなっても何とも思わない枚数」です。そうすると、pipsを伸ばせるようになります。結果、損益率が向上して勝ち続けることができるのです。あそびというと語弊がありますが、まったくプレッシャーにならない枚数を基本にするといいでしょう。

適切な枚数は変わる

　時期やボラティリティ、モチベーションにより、自分のなかで保持して

いて心地よい枚数も変化します。私の場合、基本が10枚のところ、利幅が稼げそうなボラティリティが高い時期はリスクを取り、20枚にすることもあります。2018年は、相場全体のボラティリティがそれほど高くはなかったので、10枚より増やすことはありませんでした。2017年以前は、アメリカ大統領選挙、ブレグジットを問うイギリス国民投票、各国金融政策の影響など、ボラティリティに事欠かない相場だったので、20枚でデイトレードすることも多くありました。

また、私はデイトレードの他に、スキャルピングも行なっています。スキャルピングで月の前半に大きく稼げたときなどは、その利益を元手に、デイトレードでは最大30枚でエントリーすることもあります。

デイトレードはいつも同じ枚数で十分と述べましたが、これは資金管理の方法として十分ということです。常に同じ枚数にすべき、というわけではないので、**基本となる枚数を決め、あとは状況に応じて変更してください。**変更する理由は、私のように、ボラティリティやリスクを取れる金額の範囲内で決めてもいいでしょう。「今月はFXに集中できないから枚数を落として様子を見る」というのでも構わないでしょう。

まず、心地よい枚数を決めることが重要です。これを決めなければ、適当な資金管理になってしまいます。

5つの決済方法

エントリー後、決めていた決済ポイントに到達し、何の迷いもなく利益確定(もしくは損切り)ができれば問題ありません。しかし、ポジションを持つと、数秒ごとに損益変動が起こります。スキャルピングのように、数秒から数分のトレードならまだしも、デイトレードでは何時間もポジションをホールドするので、その間の損益変動はメンタルに多大な影響を及ぼします。

これまで述べたように、取引枚数が多くなるにつれ、損益変動も大きくなります。過度に緊張したり、焦りが生じたりして、適切なポイントで決済できなくなることもあるでしょう。心地よい枚数でトレードするのが

基本ですが、最初から適切な枚数を決めるのは難しいかもしれません。エントリーしたときは正常なメンタルでも、ホールドしていくうちに、感情が変化することも多々あります。

また、含み益と含み損では、自分の考え方も変わります。含み損になる場合、損切りポイントにきたら、有無をいわずに損切りをします。先延ばしにするとか、上手な損切りのテクニックは一切ありません。損切りしたくない感情は排除し、必ず切るようにしてください。これが、勝ち続けるためにもっとも確率が高い方法です。

一方、含み益が出たら、決済方法を変えてみるのも1つです。「値幅達成までまだ時間がかかるけど、含み益を逃したくない」という思いも出てくるかもしれません。そこで、ここから5つの決済方法を紹介するので、状況に応じて使い分けてみてください。

① OCO注文を入れる
② 建値決済にする
③ トレーリングストップ
④ ポジションを減らしていく
⑤ ポジションを増やしていく

①エントリーしたらすぐにOCO注文を入れる

OCO注文とは、2つの注文を同時に入れることです。OCOには、新規注文時、決済注文時のOCOがありますが、ここで紹介するのは決済注文時のOCOです。これは、エントリー後に「指値および逆指値」を入れることを意味します。指値は利益確定の注文、逆指値は損切りの注文になります。エントリーするときに、利益確定と損切りポイントを、あらかじめ決めてからエントリーしていると思います。そのため、エントリー直後にプラス方向とマイナス方向のどちらに進もうが、**決めた価格帯に達したら自動で注文するようにしておく**のです。デイトレードは、数時間から数十時間の保有時間になるので、その間ずっとチャートに張りついてポジ

ションを見続けるのは無理があります。「エントリーしたらOCOを入れてチャートから離れる」という姿勢でいいでしょう。むしろ、エントリー後の価格変動を見ていると、早く利益確定したくなったり、雑念がわいたりして、ハラハラドキドキしてしまいます。決済ポイントを決めたなら、上下どちらに動こうが、がっちりホールドすべきです。そうでないと、後々のトレード分析が不可能になります。

　私は、エントリーして数分から20分くらいはチャートを見ることが多いです。含み益が出るのを確認し、OCOを入れて席を離れます。エントリー直後にOCOを入れることもありますが、その場合でも含み益が出るまで見ていることが多いです。含み益が出て、安心感を得てから席を離れたい、という考えがあるからです。

　外出先でトレードする機会も多くあります。その場合、スマホでトレードしますが、エントリーして即OCOを入れ、画面をオフにします。エントリーからOCOを入れるまで、1分もかかりません。

　なお、スマホでのトレードといっても、トレードルームで分析したチャートが頭に入っているので、スマホではエントリーポイントがきたら注文を出すというイメージになります。ラインを引くこともありますが、スマホ上で1から分析してエントリーポイントを探すようなことはしません。事前にトレードルームでチャート分析はすませておき、トレードできそうな通貨ペアを絞っておきます。スマホでは、売買シグナルが出るのを待つだけです。ただ、出先でまとまった時間があるとき、たとえば電車や喫茶店など長い時間スマホが見られるときは、上位足から下位足までラインを引いて分析から新規注文まで行ないます。旅行へ行くときは、数日間ノートPCとスマホだけでトレードすることもあります。その場合でも、エントリーしたら即OCOが基本になります。

②建値決済でノーリスク・ハイリターンにする

　エントリーして含み益が出ると、一安心という感じがしてきます。イメージ通りの値動きになり、あとは値幅達成するまで待つだけです。しか

し、相場はいつ反転するかわかりません。どんなに含み益が出ようと、利益を確定するまでは勝ちトレードにはなりません。

　OCOを入れて離席した直後から逆行し、含み益がなくなるどころか、損切りポイントに到達することもよくあります。一度含み益を見ているので、それが損失に終わるとなると、精神的にも辛いものがあります。「次のトレードチャンスまで待って淡々とトレードすべき」と頭ではわかっていても、心のなかはそうはいきません。

　そこで、**含み益が出た段階で、逆指値注文を建値の価格に入れ直します。建値とは、エントリーした価格です。**そうすると、含み益のポジションが逆行しても、最悪プラスマイナスゼロで決済されます。たとえば、利幅＋50pips、損切り幅−20pipsの想定でエントリーしたとします。エントリー直後に、「指値＋50pips、逆指値−20pips」のOCO注文を入れたとします。仮に数十分して＋20pipsの含み益が出たとき、指値はそのままで、逆指値だけ±０になるように注文し直すのです。

　そうすると、リスクとリターンの関係は、リスクはゼロ、リターンは＋50pipsです。どんなに負けても、マイナスが発生しないのです。あとは、＋50pipsに到達するまで待つだけです。±０か＋50pipsか、引き分けか勝ちかのどちらかになります。こうなると、マイナス要素がない勝てる戦いをしているようなもので、精神的にも安心できます。含み益が出るまではヤキモキするかもしれませんが、ひとたび含み益になれば、逆指値を建値決済にすることで、負けをなくしてしまうのです。

　ただし、建値決済にすることで、逆指値にかかりやすくなります。本来なら、＋20pipsの含み益が出たとき、逆指値まで40pipsの幅があります（損切りを−20pipsに設定しているため）。建値決済にすると逆指値にかかるまでの値幅が近くなるので、その分到達しやすくなるということです。建値決済にすることで、ノーリスク・ハイリターンになりますが、リターンのほうが得にくくなるという認識は必要です。経験上、＋10pips以内で建値決済を入れると、建値にかかる回数がかなり多くなります。＋20pipsを超えてくると、トレンド方向へ進むことが多いです。そのため、利が乗ったらすぐに建値決済を入れるのではなく、＋20pipsくらいま

で到達してから入れるようにするといいでしょう。

ここで、全トレードにおいて、「＋20pipsになったら建値決済にする」ことをルールにしたらいいのではないかと感じた人がいるかもしれません。それは、ノーリスク・ハイリターンのトレードです。ただし、その判断は、チャートで行なうといいでしょう。建値決済というのは、あくまでも個人的な数字の決めごとであり、テクニカル的な判断ではありません。建値決済にすることで、トレンドが否定される前に決済することになります。「ここを抜ければ根拠が否定される」という価格まで待たずして決済するので、「決済したあとに思った方向へ進んだ」という事態も起こります。そこで、**「これは天底だな」「トレンド回帰するならまさにここ」というエントリーポイントをとらえたときに、建値決済を活用するといいでしょう。**言い換えると、含み益が出てから建値ポイントまで戻るのは、テクニカル的に根拠が否定されるようなときです。

逆に、含み益が＋50pipsくらい出て、エントリーしてから数時間も経過していれば、ネックラインや根拠が否定されるポイントも、時間の経過とともに有利な方向へ動きます。そうすれば、建値にする根拠が、テクニカル的に説明がつくようになります。「含み益がたくさん出るほど建値決済の強みが増してくる」と認識してください。また、大きな利幅を狙って長期間ポジションをホールドするときも活用できるでしょう。とりあえず負けをなくし、あとはホームラン級の利幅を狙うトレードです。

安心感をとるのか、テクニカルに従うのかは、メリットとデメリットがあるので、時と場合により使い分けてください。ポジションの保有時間や含み益の幅にもよります。

③トレーリングストップ

これは含み益が出たらノーリスク・ハイリターンにするやり方で、建値決済と考え方は同じです。違う点は、建値まで待たず、含み益のまま決済するということです。買いポジションを持っているとき、相場が上昇するにつれ、含み益は増えていきます。トレーリングストップは、価格上昇

に合わせ、逆指値の価格も上げていきます。たとえば、トレーリングストップを30pipsにすると、エントリー後の最高値から30pips下落したときに決済されます。含み益が＋40pipsになったとき、そこから30pips下落すると自動で決済されるので、＋10pipsの利益が残ります。含み益が＋100pipsまで伸びたとすると、そこから30pips下落したときに決済され、＋70pipsの利益が残るというわけです。

　これは、トレンドの出はじめに有効な注文で、押し目がくるまで利を伸ばし続けることができます。「せっかく含み益が出たのだから、建値まで逆行するのはもったいない」「利が乗ったポジションは、少しでもいいから利益を残したい」というときに使えます。ただ、ちょっと逆行するとトレーリングストップに引っかかります。揺り戻しの最中に決済され、そのあとに思っていた方向へ進むことも多くなります。その場合、決済せずにポジションを持っておけば、より大きな利益が出ていたはずなので、機会損失になってしまうでしょう。トレール幅にもよりますが、揺り戻しの最中に引っかかるような狭い設定にすると、テクニカル的な判断ではなくなるので注意が必要です。値幅達成して本来の利幅を得るまでには、相場の揺り戻しがあります。トレーリングストップはこれを考慮したうえで、活用するようにしましょう。

④ポジションを減らしていく

　ある程度の利幅が取れたら、全ポジションのうち、一部を決済して利益を確定させるやり方です。たとえば10枚でエントリーし、目標の利幅を＋50pipsとします。＋50pipsに到達したら半分を利益確定して5枚にします。そうすれば、確実に5枚は利益になります。仮に残った5枚が逆行しても、建値に逆指値をおけば、逆行してゼロになったとしても、最初の5枚で確定した分が利益になります。こうすることで、利益を確実に残せます。残りの5枚でリスクを取って持ち越してみるなど、チャレンジができるというわけです。半分の利益を確定した時点で、勝ちのゲームをしているようなものです。図5-03を見てください。

図 5-03 トレーリングストップ

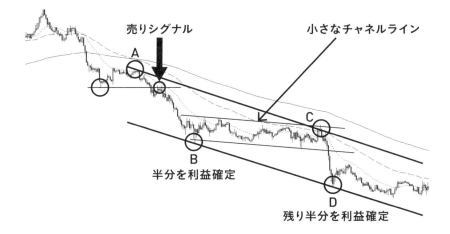

　ABCDのチャネルラインがあります。結果的には、このチャネルで進みました。実際には、売りシグナルでエントリーし、Bで何かしらの値幅達成をしたと想定し、半分を利益確定します。Bより前でイメージしていた値幅達成があれば、そこでも構いません。ここでは、「半分決済して半分残す」という見方をしてください。

　Bで半分を決済したあとは、次の値幅達成（ここではDのこと）をめざします。その場合、必ずもみ合いになるので、含み益は変動する時間帯になります。下降トレンドの第1波が出たあとは、戻りをつけてから第2波が出ます。その戻りのもみ合いに差しかかるという認識をしなければなりません。半分は第1波で決済、残りの半分は戻りをつけるためのもみ合いを経て、第2波が出て決済するイメージです。そのため、ポジションホールド時間が長くなる心構えが必要です。Bで半分決済したあと、急落するということはないので、認識を間違えないようにしましょう。第1波が出れば、必ず戻りをつけます。その戻りでヤキモキしないようにすることが大切です。今回の戻り（BC間）は、高値と安値を切り下げながら小さなチャネル幅で推移しました。

このように、値幅を達成したらポジションの一部を決済し、残りのポジションで次の値幅達成をめざします。徐々にポジションを減らしていき、確実に利益を残すやり方です。ポジションを減らすといっても、エントリーして最初の値幅を達成する前に、怖気づいて早期決済することではありません。含み益を逃したくない気持ちからエントリー直後に半分決済し、残りの半分をBで決済する、ということではないので注意してください。あくまでも、次の値幅達成まで、さらに利を伸ばすというプラスの意味合いです。そうしないと、早期決済の癖がついてしまい、常に値幅達成まで待てなくなります。結果、損益率が悪くなり、破産確率が上昇していきます。利を伸ばすために、あえて半分はポジションを残してリターンを求める、という姿勢が必要です。

⑤ポジションを増やしていく

最後に、「ポジションを増やしていく」決済方法を見ていきます。これが、一番難しいです。まず、これまでの4つができるようになってから取り組んでください。ただ、リスクが高いからというわけではありません。リスクとリターンは常に同じです。ポジションを持つ考え方は重要なので、覚えておいてください。

ポジションを増やすとは、エントリーしたら、同じ方向へポジションを追加して建てていきます。図5-03でいうと、Bに到達しても決済せず、次の値幅達成であるDまでめざします。Dまでめざすということは、戻りがあることも想定しています。そこでBにきたとき、「これから戻りをつける」という認識があるので、第2波が出るポイントまで待ちます。それがCです。Cにきたら、第2波が出て下降トレンド回帰する想定ができるので、Cでポジションを増やすのです。そうすることで、最大限の利益を狙うことができます。エントリーしたとき、Bではなく、Dまで狙うイメージができているということです。その途中、Bに到達するのは、エントリーからイメージした通りの値動きをしたといえます。だから決済する必要がないのです。めざすのは第2波の値幅達成なので、イメージ通り

のもみ合いが発生した、ということです。

　デメリットは、Cで追加の売りを入れたあと、ちょっと逆行しただけで含み益がなくなることです。未来を予測する時間が長くなるので、これまでの４つの決済方法より難しいのです。本来なら、第１波の値幅達成で決済します。Bまで予測していればいいのです。しかし、ポジションを増すやり方は、B以降のC、そしてDまで予測する必要があります。ただ、このデメリットは、取引枚数を調整することで回避できます。たとえば、売りシグナルが発生したときに、本来10枚でエントリーするところ、半分の５枚にしておき、Cで５枚を追加します。こうすると合計10枚ですね。AB間のリスクを減らし、CD間で勝負するためにリスクを取るというイメージです。

　これまでの４つは、最初に10枚でエントリーをするので、AB間でリスクをとります。ABCDという一連のN波動のなかで、どこでリスクを取って勝負するか、という違いになります。ポジションを増していくやり方は、より長い未来まで予測するので、難易度が高いというわけです。ただ、イメージ通りの値動きになったら、N波動が完成するまでそれについていくことで大きな利益が出せる、という考え方もあります。またBで全ポジションを決済し、Cで再エントリーすれば、結局トレンドに乗るという戦略は同じです。ポジションの取り方の違いだけであって、一概にどれがいい、というものではありません。

Strongest FX 15 minute day trade

軸がブレない思考を身につけよう

21

連敗の防ぎ方

トレードで勝ち続けるためには、FXを取り組む姿勢や考え方がしっかりしていなければなりません。売買ルールがどんなに優れていようが、それを実行するマインドが未熟だと、ルールを守れなかったり、冷静さを欠いて自暴自棄になったりするなどしてしまいます。浮ついた気持ちで投資をすれば、リターンを得るどころか、リスクにさらされて大損してしまうのです。あなたがこの先、安定して利益を上げるには、軸がブレないトレーダーになる必要があります。そのために、トレードはすべて確率的に考えることが重要です。一時的な感情で行動するのではなく、その行動が長期的に意味があるものなのか、考えるのです。FXは感情で判断していると、高確率で負けるものです。そうならないよう、**たとえ一時的に辛い判断だとしても、長期的に正しい選択なら、それは実行すべきです。**期待値が高い行動をする、という一言につきます。では、具体的な例をもとに考えていきましょう。

デイトレードは、勝ちトレードばかりではありません。毎日トレードをしていると、ときには連敗することがあります。なかには、どうしても悔しくて取り返そうとして、売買シグナルが発生していないにもかかわら

ずエントリーするなど、冷静さを失ってしまうことがあります。特に、短時間で売買回数が増えるときは非常に危険です。本来なら、1通貨ペアにつき1つの市場(ニューヨークタイムなど)で売買シグナルが何回も出ることはありません。買いで損切り、売りで損切り、また買いでエントリーするなど、イライラが募って数十分で無茶なトレードをすると、10連敗というような信じられないことになってしまいます。このようなときは、まともな判断ができないので、すぐにチャートから離れたほうが賢明です。とはいえ、カーっとなって熱くなると、自分でも手がつけられないのが人の心理ではないでしょうか。

そうならないためには、「短時間で売買を繰り返さない」などと決めごとをしてしまうのです。私がいつも自分に言い聞かせていることは、「同じトレンドで何度も同じ方向のポジションをとらない」です。たとえば、買いシグナルが発生して損切りになったら、その時間帯、そのトレンドで再び買いではエントリーしないということです。1回損切りになったということは、その時点でイメージが間違っていることに他なりません。相場が下落基調にあるにもかかわらず、上昇すると思い込んで何度も買いで入っていると、エントリーした数だけ損切りになります。買いで10回エントリーしたら、トレンドに逆らった判断をしているため、当然10回とも損切りになります。この10連敗は偶然ではなく、なるべくしてなっています。これでは、連敗が頻繁に起こってしまい、絶対に勝てません。連敗しないためには、同じ場面で何度もトレードせず、次のトレンドまで待ったほうがいいのです。

エントリーしたい気持ちを抑え、トレード場面を変えることで、判断ミスのリスクを分散させるのです。「1回損切りしたらチャンスは終わり」と考えるとその1回にプレッシャーがかかるので、私の場合3回はエントリーします。3連敗して駄目なら、このトレンドでは勝てないと判断し、あきらめるようにしています。損益率が2以上なので、3連敗なら実質1回の負け分しか資産は減りません。これが5連敗だと、翌日でも取り返せるかわかりません。また、連敗したから次は負けられないというプレッシャーが、翌日のトレードに悪影響を及ぼします。

1つのトレンドで同じ方向のポジションを何度もとる行動は非常に危険、という認識があるだけでも、無駄なトレードを避ける抑止力になります。1回損切りにあったら、他の通貨ペアを見たり、次のエントリーまで数十分待ったりするなどし、1つの場面で大損するリスクを分散してください。

発見し続ける気持ちが楽しさを生む

　トレードを続けるうえで強欲になってお金のことばかり考えていると、勝てないときにメンタルがつらくなります。もちろん最初は、お金を稼ぐためにFXをスタートしたはずです。しかし、何年もトレードしててある程度勝てるようになると、必ず経験するのが「飽き」という状態です。

「稼げているなら飽きないでしょう」と思うかもしれません。しかし、飽きてしまうのが人間なのです。なぜなら、稼げるのが当たり前になるからです。これは、仕事でも同じではないでしょうか。給料がある程度のところまでくると、最初のうちはうれしいかもしれません。しかし、たとえ高給だとしても、それが何年も続くとその額が当たり前になってきます。そうすると、仕事にやりがいがない場合、毎日がつまらないはずです。最初は給料がよくて満足していたのに、それが当たり前になると、人間は飽きがくるものなのです。

　そうならないためには、仕事そのものに、やりがいや楽しさを見出すことです。仕事は楽しい、そして給料もいい、この状態だからこそ何年も高いモチベーションをキープできるのではないでしょうか。トレードも同じです。「ただ稼げるから」というだけでは1人でチャートを見ているだけなので、飽きがくるものです。

　そこで、トレードにおいて何かを発見することで、楽しみを得るようにしてみてください。新しい発見をするために日々追求するのです。相場の世界には、無数の分析方法と、無数の勝ち方があります。いわば、正解がない世界です。

為替市場は、世界最大の金融マーケットです。この世界最大のマーケットで、新しいチャートの見方や勝ち方を発見するのです。日々の稼ぎは、基本となる売買ルールでトレードします。並行して、「新しい手法が構築できないか」「もっと効率よくトレードできないか」という発見する行動も忘れないでください。そうすると、現状に甘んじることなく、さらにトレードが改善し、ときには「もしかしてこれはルール化できるのでは？」とひらめくかもしれません。このようにプロセス自体楽しむのです。

　トレードは、ただ単に勝ち負けだけではなく、新しいことを発見する楽しさを忘れないでください。ゲームというと語弊があるかもしれませんが、ゲーム感覚でどんどん楽しさを発見するイメージです。そうすることで、モチベーションをキープすることができ、その結果、長く続くものです。

重要なのは継続できること

　上達するうえでもっとも重要なことは、トレードを継続することです。継続をやめなければ嫌でも上達します。しかし、毎日必ずトレードする人は、実はなかなかいません。その理由の１つとして、本気でないと継続できないからです。

　FXはハイリスク・ハイリターンの世界です。そうすると、喜怒哀楽も激しくなり、心身にストレスがかかります。ちょっと負けが続くと、「今日はいいや」となってしまいます。これが数日間続くと、ブランクを埋めるまでにまた数日必要になります。結局「１週間で何も分析できていない」ということにもなりかねません。この１週間を取り戻すために、さらに１週間が経過……これではなかなかトレードは上達しません。たとえブランクができたとしても、専業トレーダーでないかぎり、FXをやらなくても生活に何の影響もありませんからね。副収入的な考えで取り組む場合、「先延ばしにしてもいいかな」と思ってしまいます。しかし、心の底から「トレードで稼ぎたい！」と思っていれば、日常生活における優先順位は、FXが１位になるはずです。他の予定を差し置いてでも、トレードしたい

と思います。

　私がFXをスタートしたのは15年以上前です。会社員だったので、帰宅した21時から数時間をトレードにあてました。本気で専業トレーダーをめざしていたこともあり、毎日必ずトレードをしました。また、通勤電車のなかでは、携帯電話でチャートを見たり（当時はガラケーでした）、FX系の書籍を読んだりしていました。頭のなかは、寝るとき以外トレードのことばかり考えていました。意識して継続したというよりも、「勝てるまでやめない！」というほうが正しいです。数年間は成果が出ませんでしたが、全然つらくはありませんでした。勝てないのに継続できた理由は、FXの収益形態です。ひとたびスキルを身につければ、青天井で稼げます。会社員だと、いきなり月収が何十万円も増えることはありません。FXだと、今年はトレード損益がゼロだとしても、来年は500万円、再来年は3000万円、という増え方ができるのです。「60歳までトレードするとしたら、あと30年以上もある」と考えていました。**最初の1年や2年勝てなくても、まだまだ時間はあると考えることができていました。**「1年で勝てるようにならなければならない」というような切羽詰まった状態でもなかったので、「コツをつかめば利益はついてくる」という心の余裕があったのです。

　このように、継続できる態勢をつくることが大事です。そのためには、まず本気になれる意識づくりをしてください。「何となく勝ちたいから」というだけでは高い意識をキープすることはできません。FXを通して、何を実現したいのか、自分自身に問いかけてください。すぐに大金を稼ぐのではなく、私のように時間をかけてスキルアップする感覚を持つと、焦りがなくなると思います。

迷ったらシンプルに考えること

　FXにおける私の基本的な方針は、「迷ったらシンプルに考える」です。これがすべての基盤になります。シンプルとは、当たり前のことを当たり前に行なうことです。

たとえば、「イメージ通りのチャートではなかったらエントリーをしない」「逆行したら損切りをする」「週末は５日分の復習をして次週の予習をする」などです。**当たり前のことをしっかり実行していると、結果、エントリーするか迷ったときに、「期待値が高いならエントリーする。そうでないなら見送る」といった、適切な判断にができるようになります。**イグジットにおいても「値幅を達成するまでホールドする」という当たり前の考えができます。含み益が減るのが嫌だからといって、早期利食いをするのは間違いだと気づくものです。すべての行動は、「長期的に見て適切であるか」というシンプルな判断をすればいいでしょう。チャート分析においても、レンジかトレンドかを把握し、レンジならトレードしない、というシンプルな判断を心がけるようにしてください。

　突き詰めると、トレード手法も同じことがいえます。デイトレードは、移動平均線とネックラインを把握するだけで勝てるのです。そのために、ローソク足と３本の移動平均線で十分ということです。あとは７つのラインを引き、値が走るポイント、値が止まるポイントを探ればいいというわけです。長く続けるには、シンプルなチャートで、シンプルなトレードをする心がけが重要です。

　ただ、どんなにスキルアップしても、わからないことは多々あります。相場はあらゆる要因でランダムに変動しているので、100％先読みをすることは不可能だからです。下降トレンドが出ると思ったのに、逆に上昇トレンドになると、「今日はわからない！」となります。このとき焦るのではなく、「これは仕方ない」と考えられるかどうかで、差が出てきます。

　シンプルに、チャンスがくるまで待てばいいだけです。チャンスがくるまで待つというのは当たり前ですが、これができない人が多いのではないでしょうか。複雑で難しいことではなく、シンプルで当たり前のことをコツコツ継続する……これこそ、本書の最初にお伝えした、**ストレスフリーで億を引き寄せるデイトレードの極意**です。

Strongest FX 15 minute day trade

勝ち続けるために知っておきたい
Q&A 10選

　最後に、実際によく聞かれる質問をまとめました。あなたのトレードに置き換えて読んでください。

Q1.　ファンダメンタルズはまったく必要ないですか?

　必要です。FXにおける売買判断は、ファンダメンタルズ分析とテクニカル分析の2つに分けられます。デイトレード手法は、エントリーからイグジットまで、すべてテクニカルで行ないます。ただ、次の3つのファンダメンタルはチェックしてください。

・日々のニュース
・ストップロス注文
・経済指標の時刻

「日々のニュース」は、金融市場全般のニュースをチェックします。特に、為替マーケットに関するニュースは欠かせません。アナリストのように詳しくなる必要はありませんが、世界で何が起こって、どんな材料で為替が変動したのかは理解しておくべきでしょう。
　私が定期的に見ているサイトは、ブルームバーグ、日経電子版、ロイターです。その他では、FX業者のニュース配信も参考にしています。ロ

234

グインして取引ツールを立ち上げると、どの業者でもニュース配信をしているはずです。1日にだいたい300件以上のニュースは流れてくるので、ヘッドラインにはすべて目を通し、気になるニュースがあれば本文に軽く目を通す程度でかまわないでしょう。必ず読んだほうがいいのは、短期トレンドが出たあとの要因です。

「ストップロス」は、損失を限定する逆指値注文のことです。個人投資家ではなく、莫大な取引量をほこる機関投資家の損切りだと考えてください。たとえば、買いポジションが損切りになると、新規の売り注文と同じことなので、売りの圧力になります。これが、ある価格帯で大量に発生すると、急落を引き起こします。そのため、どの価格帯にストップロスがおかれているかは、頭に入れておくべきです。ストップロスの位置は、業者のニュース配信でチェックできます。図Q-01は、JFXのニュースです。

図 Q-01 ストップロスの情報（JFXのニュースより）

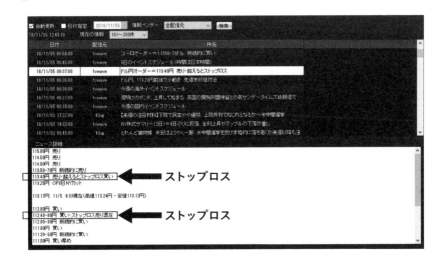

現在値に対し、上下にストップロスがあることがわかります。仮に、価格が下がっていった場合、112.60円のストップロスに引っかかります。

そうすると、機関投資家の大口買い注文が損切りになり、「ストップロス売り」が発動されることで、急落する可能性があるということです。

このストップロス情報は、1日に数回更新されます。トレード前やトレード中に確認しましょう。そして、エントリーポイントやイグジットポイントの近くにストップロスがあれば、注意する必要があります。考え方としては、ストップロスの価格帯をネックラインとしてとらえればいいでしょう。現値より上にストップロスがあれば、買いポジションから見てレジスタンスの帯です。反落するポイントになる反面、ブレイクすると買い圧力が強くなる、ということです。

「経済指標」は、発表時間が決まっているので、トレード前に必ずチェックしておきます。重要な指標発表直後は、数十pipsが一瞬で上下動するなど、レート変動が激しくなります。そのため、直後に指標がある場合は、指標発表が終わるまで待つようにしてください。ただ、重要度が低く、その通貨ペアに関係ない指標なら、気にせずにポジションは指標をまたいで持っていてもいいでしょう。たとえば、GBP/JPYのエントリー準備をしているとき、20分後にイギリスの大きな経済指標があるなら、エントリーは指標発表後まで見送ります。ポジションを持っているときは、決済しても構いませんし、持ち越してもいいでしょう。ただ、持ち越すのは含み益が出ているときにします。含み損で指標をまたぐと、さらに損失が膨らんで大損する可能性が出てくるからです。

Q2. デイトレード手法は15分足以外では使えませんか？ トレードチャンスが増える気がするのですが……

エントリー判断を15分足よりも短い時間軸（1分足、5分足、10分足など）で行なうことは、おすすめしません。デイトレード手法で、スキャルピングなどの短期売買はできません。

逆に、長い時間軸（30分足、1時間足、4時間足、日足など）で判断する

のはいいでしょう。たとえば1時間足でトレードする場合、大局は4時間足、日足、週足、月足になりますね。エントリーからイグジットまで、1時間足が根拠になるので、ポジション保有時間は15分足のときよりも長くなります。数日になることもあるでしょう。デイトレードというよりも、スイングトレードに近くなりますが、これはOKです。

4時間足でトレードする場合は、数時間で決済することがなくなります。数日から1週間の保有になるので、完全にスイングトレードといえます。デイトレードだけでなく、時間軸を長くすることで、スイングトレードにも活用できるということです。まとまった時間が取れない日や、大きな利幅を狙いたいときは、スイングトレードを行なってみてください。期待値は十分高いでしょう。

私は15分足でトレードするのが基本ですが、ときには何日か持ち越して大きな利益を狙うこともあります。その場合、5つの決済方法を活用し、最大限のリターンを得るようにします。よくやる方法は、半分決済して、残りの半分を1時間足や4時間足の値幅達成まで持つトレードです。

Q3. おすすめの取引業者はありますか？

デイトレードは、スプレッドやスリッページの影響がほとんどありません。そのため、どの業者でもいいでしょう。国内大手業者なら、どこも大差はないはずです。チャートはMT4で、取引業者は国内大手にしておけば、口座環境は問題ありません。そんななかでも私がおすすめする取引口座は、ストップロス注文が配信されるJFXです。チャートソフトと取引口座は、私のブログでも紹介しているので、見てみてください。

Q4.
いろいろな通貨ペアでシグナルが発生したら、同時にエントリーしてもいいのですか？　それとも、どれか1つに絞ったほうがいいでしょうか？

　多通貨ペアを同時に保有するのは、あなたが混乱しないようであれば問題ありません。気をつけることは、取引枚数と通貨ペアの組み合わせ方です。

　たとえば、USD/JPYとEUR/JPYを同時にエントリーする場合、同じ方向のポジションなのでリスクが分散されません。USD/JPYが上がるとEUR/JPYも上がることが多いので、円、ドル、ユーロのうち、どの通貨が変動要因かを考える必要があります。仮に、USD/JPYもEUR/JPYも売りでエントリーした場合、円売りになるとどちらも上昇するので、両方とも損切りになってしまいます。また、ドル買い、円買い、ユーロ売りになれば、USD/JPYは上昇、EUR/JPYは下落になることもあります。

　このように、多通貨ペアを手がけることで、リスクを増やしていないかどうかをチェックする必要があります。いつも10枚でエントリーしているなら、5通貨ペアを同時エントリーするとき、それぞれ2枚を上限にするなど、取引枚数を減らしてリスク分散させるといいでしょう。同時にエントリーすること自体は問題ありません。

Q5.
1日の取引回数は、何回が適切ですか？

　1日をアジア、ヨーロッパ、ニューヨークの3市場に分けた場合、1つの市場で1回から多くて3回程度になります。たとえば、ヨーロッパタイムの午前と午後（日本時間のおおよそ14〜21時）でトレードすると、3回トレードして2勝1敗のトレードなどが想定できます。ヨーロッパとニューヨークをまたいで10時間くらい保有すると、1日で1回になりますね。

これは１つの通貨ペアのことです。３通貨ペアを手がけるなら、もう少し多くの売買シグナルが発生します。ただ、「３通貨ペアをトレードするからチャンスが３倍になる」というものではありません。USD/JPY、EUR/JPY、GBP/JPYの３通貨ペアが同時にシグナル発生した場合、３つのポジションを持たないかもしれませんよね。

私は10通貨ペアを手がけていますが、10のポジションを持つことはありません。同時にシグナルが発生しても、多くても５つです。迷ったときは、勝ちパターンである下降トレンドの通貨ペアをトレードします。２倍、３倍とトレード回数が多くなるわけではありませんが、通貨ペアを多くするほど、チャンスが増えることは間違いないでしょう。少なくとも、１つの通貨ペアで１日３回、３通貨ペアで１日５回、５通貨ペアで１日７回くらいのチャンスはあります。これより増えることはあっても、減ることはほぼありません。

Q6. チャートを開いたら何からはじめればいいですか？　大局の把握ができません……

もしローソク足を見てわからなければ、３本の移動平均線の傾きを見てください。たとえば、４時間足がパーフェクトオーダーで、さらに上昇トレンドラインが引ければ、上昇トレンドが発生しています。パーフェクトオーダーでも、トレンドラインが引けなければ、トレンドではありません。

また、「平均足」を見るのもおすすめです。図Q-02のUSD/JPY日足の平均足を見てください。

図 Q-02 USD/JPY 日足の平均足

　平均足で重要なポイントは、「陽線と陰線の連続性を見ること」です。Aでは、陽線が19本連続で出ています。上昇トレンドで陽線が数本続いたら、このあとも連続するかどうかを考えます。考えるうえで、トレンドとレンジの環境を把握することです。今回のように、上昇トレンドの最中、もしくは上昇トレンドが発生しそうなときに陽線が出はじめたら、「陽線が続くかもしれない」と予測できます。陽線が数本続けば、あとは陰線が出るまでひたすらトレンドフォローの戦略でいいでしょう。そして、下位足でエントリーポイントを探っていきます。

　このAのポイントは、1か月続きました。ここを4時間の平均足にしたのが、図Q-03です。

図 Q-03 USD/JPY ４時間の平均足

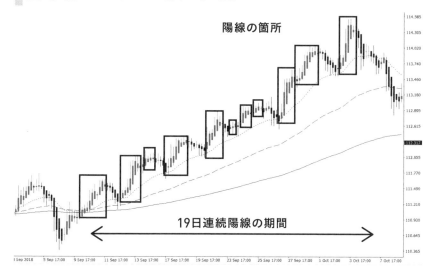

４時間平均足の場合、陽線の連続性は、日足に比べて少なくなります。ただ、買い目線なので、押し目を買っていく戦略ができていれば問題ありません。陰線が数本続いたあと、15分足で買いシグナルが発生すれば、絶好のエントリーポイントになります。４時間平均足で陰線が出ると、次は陽線が出るからです。陰線が２本で、あとは陽線が５本出る、というように、陰線よりも陽線のほうが連続します。陰線が５本なら陽線が８本などというようにです。上昇トレンドが続く限り、陰線の本数よりも、そのあとの陽線の本数は多くなります。

このように、チャートをパッと見て大局を把握するなら、平均足を日足と４時間足で使うのがおすすめです。ローソク足だと、ラインを引いて値幅や節目を見つける作業などがありますが、平均足は陽線か陰線かを見るだけなので、視覚だけで分析できます。日足と４時間足の平均足なら、極端にいうとラインを引く必要はありません。上昇トレンドで陽線が連続しはじめたら、トレンドフォローのチャンスになります。ただ、これよりも短い１時間足や15分足で平均足を使うと、陽線と陰線が頻繁に入れ替わって混乱するので、おすすめしません。それならば、ローソク足を見

ていたほうがいいです。デイトレードするうえで、平均足の連続性に期待値があるのは、4時間足と日足です。大局をパッとつかみたいなら、ぜひ使ってみてください。私は1日数回は平均足をチェックします。

Q7. 勝率があまりよくありません。どこを直せばいいのでしょうか?

　勝率はよかろうが悪かろうが、それ自体の意味はありません。勝率だけで考えるのではなく、必ず損益率と合わせて考える必要があります。図5-01のバルサラの破産確率表を思い出してください。勝率が悪くても、損益率がよければまったく問題ないわけです。たとえ勝率が50%だとしても、損益率が3なら、間違いなく勝ち続けることができます。逆に、損益率が1にもかかわらず勝率が40%だと、破産する確率は90%以上になってしまいます。このままでは勝てないので、改善しなければなりません。

　このように、利幅と損切り幅に問題がないか、それに対して勝率はどうかなど、勝率と損益率はセットで考えてください。改善するときのコツは、損益率を上げることです。損益率を2や3にすることはできますが、勝率を上げるには限界があるからです。デイトレード手法はトレンドフォローが基本なので、損益率はすぐに上げることができます。

Q8. エントリー後に逆行してネックラインを抜けたとき、ローソク足が確定して損切りだと、早い気がします

　逆行したということは、その時点で思い描いていた値動きとは違うということです。それならば、迷うことなく損切りすべきです。まだ早いからといって損切りを先延ばしにしていると、損益率がどんどん悪くなります。また、損切り幅を広くすると、期待値が低いポイントでもエントリーするようになっていきます。「損切りまで遠いから、とりあえずエン

トリーしておこう」という気持ちになるのが、人間の心理です。「下げるならここから」「上げるならここから」というネックラインまで待たずして、エントリーしてしまうのです。

逆行したら、必ず損切りをしてください。これを守っていれば、大損して一発退場する可能性がなくなります。損切りでいろいろ考えるのではなく、損益率を上げるため、精度を上げるために労力を使ったほうがトレードスキルはアップします。損切りするかどうかで労力を使うのは、無駄です。

Q9. 他のインジケータと組み合わせたらシグナルの精度が上がりそうですが……

これは、大賛成です。デイトレード手法をたたき台にして、いろいろと応用していってください。もっと期待値の高いシグナルを発見できれば、夢のような利益が達成できることでしょう。トレンドフォローといっても、エントリーポイントは無数にあります。イグジットポイントも正解はありません。インジケータの数も、ラインの引き方も数えきれないほどあります。逆に、どんなに突き詰めたとしても、改善できることは限りなくあるので、インジケータと組み合わせて、どんどんトレードの精度を上げていってください。

Q10. USD/JPY以外の通貨ペアをトレードしたことがありません。通貨ペアの違いで何か気をつけることはありますか?

通貨ペアによって売買シグナルが変わることはありません。どの通貨ペアでも、やり方は同じです。テクニカル分析からイグジットの方法まで何ひとつ変わりないので、逆にUSD/JPYだけにしておくともったいないと感じます。

多通貨ペアを手がけることで、チャンスが増えます。そうすると、売買シグナルが発生しても今回は見送ったり、もっと期待値の高いポイントまで待つようになったりするなど、1回の売買シグナルで絶対に勝とうとしなくなります。

　そもそもエントリーチャンスが少ない場合、ひとたび売買シグナルが出たら、なんとかして勝ちたいと思うでしょう。たとえば、21時から24時までUSD/JPYだけでトレードし、売買シグナルが1回だとしたら、その1回で勝ちたいと思うのが人間です。これで負けてしまうと、取り返そうと無駄なエントリーをするなど、どんどん悪循環にはまってしまいます。しかし、仮に5通貨ペアを手がけていれば、21時から24時までに売買シグナルは何回かあるでしょう。ただし、回数が多いからといって、期待値が下がるわけではありません。絶対的な回数が多いだけです。そのため、何回かトレードすることでリスク分散にもなり、週単位、月単位で多通貨ペアを手がけると、利益を出しやすくなります。

　通貨ペアの違いで気をつける点は、値幅の違いだけです。USD/JPYの場合、イグジットまでの利幅が30pipsだとしたら、GBP/JPYは70pipsくらいあるかもしれません。逆に、損切り幅も大きくなります。ただ、トレード方法が変わることはありません。コツは、チャートで判断することです。よく「ポンドは値幅が出るので怖い」という人がいます。これは数字だけで判断しているからではないでしょうか。チャートで判断していれば、仕組みは同じです。売買シグナルが発生してから値幅達成までのpips幅が大きいだけで、GBP/JPYだからチャートの形が特殊であるなどはありません。利幅と損切り幅が大きくなることに抵抗があるのなら、取引枚数を落とせばいいでしょう。

　気をつける点はこれだけなので、私のように10通貨ペアまでいかなくても、5通貨ペアくらいはトレードしたいところです。通貨ペアが多いほうが、利益を上げる土俵が大幅に増えるので、おすすめです。まだトレードしたことがない通貨ペアがあれば、これを機会にぜひチャレンジしてください。

おわりに

　最後まで読んでくださり、ありがとうございます。

　あなたがFXをはじめようと思ったきっかけは、何でしょうか？　「本業のほかに自分で稼ぐ術を見つけたい」「空いた時間に副収入があればいいな」という思いから、FXをはじめる人が多いと思います。副業としての位置づけなら、FXは本来やらなくてもいいものです。FXがなかったとしても、決して困ることはありません。

　私は、「FXで驚くほど稼ぎたい」という強烈な気持ちがありました。この本を読んだあなたは、FXをやる以上、私のような気持ちを持ち、絶対にあきらめずに稼ぐということを忘れないでほしいと思います。

　私は2000年代のはじめにFXをスタートさせましたが、2008年のリーマンショックで大きな損失を計上し、一時的に退場を余儀なくされました。しかし、トレードルールを厳密に決め、それを淡々とこなすことに徹したら、おもしろいくらいに勝てるようになったのです。

　そのルールは、本書でお伝えしてきたように、複雑ではなく、とてもシンプルなものでした。それから2009年のドバイ・ショック、2010年のギリシャ・ショック、2011年の東日本大震災と為替介入、2012年にはアベノミクスがはじまりました。2013年からは世界各国の金融政策の方向性が不安定になってきて、スイス・ショックやチャイナ・ショック、ブレグジット、今年早々に発生したフラッシュ・クラッシュなど、毎年のように激しい相場が訪れています。

　しかし、私はどの相場でも大損することはなく、逆に会社員では到底できない大きな利益を上げ続けることに成功しています。シンプルなトレードルールこそが本当に重要であるということを、本書を書き終えた今、あらためて気づかされています。

　FXで勝ち続ける秘訣はシンプルです。トレンドが発生したらそれに乗

る。値幅を達成したら利益確定する。根拠が否定されたら損切りをする。その判断を移動平均線とネックラインで見極める……これが「億」を引き寄せるデイトレードの極意です。

シンプルに考え、それを毎日継続してください。そうすれば、1年先、5年先、そして10年先も、相場はあなたに利益をもたらし続けてくれることでしょう。本書が、あなたのトレード基盤をつくるきっかけになれば、これ以上うれしいことはありません。

本書を執筆するにあたり意識したことは、「何度でも読めるマニュアル」にすることでした。一般的に、本を一度読んだだけでは、その内容をすべて記憶することはできません。少しおおげさかもしれませんが、本書は「100回読み込める本」にするべく執筆を進め、実際にそうなったと自負しています。読めばよむほど理解が深くなり知識が血肉化され、トレードの引き出しが増えていくイメージです。1回目に読んだときと2回目に読んだときでは、向き合う相場が異なっているはずです。本書を何度も読むことで、引き出す内容や「質」がよくなっていき、そのときどきの相場に柔軟に対応するトレードができるようになります。その結果、あなた自身のトレード経験が、間違いのない方向に積み重なっていくことになるでしょう。

FXは世界最大のマーケットで、その全貌がつかめないほど巨大な市場です。そんな大きな世界だからこそ、シンプルさが重要になってくるのでしょう。このマーケットで、ぜひ一緒に戦っていきましょう。

2019年5月

ぶせな

ぶせな

FXトレーダー。会社員時代の2007年にFXを開始。当初はスウィングトレードで取引するも1100万円の損切りを機にスキャルピングへ転換し、成功を手にする。その後デイトレードを併用し、確実性を高めていく。累計利益は3年目で5000万円、4年目で1億円、2019年4月現在は1億5000万円を超えるカリスマトレーダー。継続的に利益を上げ続けることを念頭に置いているため、リスクを抑えることに重点を置くトレードスタイルが特徴。独自に編み出したライントレードをスキャルピング&デイトレードに当てはめて、10年間負けなしの戦績を得ている。著書に『最強のFX 1分足スキャルピング』(日本実業出版社)がある。

公式ブログ：
FX億トレーダーぶせなブログ
https://busenablog.com
連絡先：fx_busena@yahoo.co.jp

最強のFX　15分足デイトレード

2019年 5 月20日　初 版 発 行

著　者　ぶせな　©Busena 2019
発行者　吉田啓二

発行所　株式 日本実業出版社　東京都新宿区市谷本村町 3 - 29 〒162-0845
　　　　会社　　　　　　　　　大阪市北区西天満 6 - 8 - 1 〒530-0047
　　　　　　編集部 ☎03-3268-5651
　　　　　　営業部 ☎03-3268-5161　振　替　00170 - 1 - 25349
　　　　　　　　　　　　　　　　　　　https://www.njg.co.jp/

　　　　　　　　　　　　　　　印刷／理想社　製本／若林製本

この本の内容についてのお問合せは、書面かFAX (03 - 3268 - 0832)にてお願い致します。
落丁・乱丁本は、送料小社負担にて、お取り替え致します。

ISBN 978-4-534-05690-0　Printed in JAPAN

日本実業出版社の本

最強のFX 1分足スキャルピング

ぶせな
定価 本体 1600円（税別）

カリスマ人気トレーダーが独自の負けない手法を公開！「1000回チャレンジして1000回成功する機会」でエントリーをし続けて、「億超え」トレーダーになる方法をわかりやすく解説します。

7人の勝ち組トレーダーが考え方と手法を大公開
FX 億トレ！

内田まさみ
定価 本体 1400円（税別）

ＦＸで最初は負け続けていた"普通の人"7人が、どうして億単位のお金を稼げるようになれたのかを語った実録物語。「億トレーダー」への道のりが、具体的にイメージできるようになります！

儲かる！ 相場の教科書
移動平均線 究極の読み方・使い方

小次郎講師
定価 本体 1500円（税別）

超人気トレーナー・小次郎講師が、独自ノウハウである移動平均線大循環分析と大循環MACDを初めて体系的に解説。「無料プラクティス動画」など読者特典付き！

〈新版〉
本当にわかる 為替相場

尾河眞樹
定価 本体 1600円（税別）

テレビ東京のレギュラーとして人気の著者が為替市場のしくみから最新の予測法まで為替相場に関わるすべてをやさしく解説。2012年刊行の「定番教科書」を大幅に拡充した待望の一冊！

定価変更の場合はご了承ください。